In Erinnerung an Sigrid

Karl Heinz Backofen lebt mit seiner Frau Elsbeth in Warstein. Er war noch Kriegsteilnehmer. Später arbeitete er als Pfarrer, u. a. auch in Einrichtungen für Behinderte. Erst in recht hohem Alter fand er Zugang zur Computerwelt, hatte dann aber umso mehr Freude daran, auf elektronischem Wege insbesondere mit Jobst H. Meyer zu Bexten allerlei Sprachwitziges auszutauschen. Das endete mit seiner schweren Erkrankung im Oktober 2015.

Jobst H. Meyer zu Bexten lebt in Herford, seine 2015 verstorbene Frau hieß Sigrid (die Namen sind hier und da zum Verständnis der Gedichte wichtig). Er war als Chemiker in der Wissenschaft und in der Industrie unterwegs, weit weg vom Literaturbetrieb. Die Lust am Schmieden origineller Reime ergab sich erst nach der Berufstätigkeit aus der Freundschaft mit Karl Heinz Backofen, mit dem er praktisch nur über eMails korrespondierte.

Karl Heinz Backofen, Jobst H. Meyer zu Bexten

Frisch gereimt ist halb gesponnen

Gedichte
für Leser, die Originelles und Skurriles,
aber auch Nachdenkliches mögen,
Eigenarten unserer Sprache
belustigend und interessant finden
und/oder einfach gern mal
die (eMail-) Dialoge
zweier älterer Herren verfolgen.

KHB = Karl Heinz Backofen
JHMzB = Jobst Heinrich Meyer zu Bexten

(Hier wird nur ein Bruchteil der tatsächlich
angefallenen Gedichte wiedergegeben.
Unverzeihliches Nicht-Speichern
und schmerzhaftes Streichen
ergaben den vorliegenden Umfang.)

Bibliografische Information der Deutschen Nationalbibliothek:
Die Deutsche Nationalbibliothek verzeichnet diese Publikation in der Deutschen Nationalbibliografie, detaillierte bibliografische Daten sind im Internet über dnb.dnb.de abrufbar.

TWENTYSIX – Der Self-Publishing-Verlag
Eine Kooperation zwischen der Verlagsgruppe Random House und BoD – Books on Demand

© 2016 Dr. Jobst H. Meyer zu Bexten

Herstellung und Verlag:
BoD – Books on Demand, Norderstedt

ISBN: 978-3-7407-1014-9

27. 01. 2002 KHB

Sinn?

Meine Mutter hat entbunden
und so wurde ich gefunden
als ein Kind in dieser Welt,
das, wenn's brav ist, wohl gefällt.
Kann ich aber brav nicht sein,
wird das Leben dann zur Pein
für die Eltern und für mich,
auch für andre sicherlich.
Ist das alles, was zu sagen
– oder gibt es sonst noch Fragen?
Wie ist es dazu gekommen,
dass ich auf der Erde bin?
Ja, ich bin von Staub genommen.
Gibt Erklärung schon den Sinn?
Wozu bin ich auf der Erde
voller Lust und voller Frust,
dass ich klug und nützlich werde
und des Lebens mir bewusst?
Ach, es ist wie im Casino,
wenn am Tisch die Kugel rollt
oder auch wie in dem Kino –
wer hat alles so gewollt?
So gewollt, wie es gekommen,
so im Leben, so im Spiel.
Woran hab ich teilgenommen,
was ist allzumal das Ziel?

28. 01. 2002 JHMzB

Alles Statistik?

Einmal im Roulette des Lebens
scheint ein Fluchtversuch vergebens

– wer hat sich schon mit Bedacht
zwecks Entkommens umgebracht?

Ist man einmal erst entbunden,
wird man gnadenlos geschunden.
Gleichsam nur zu Werbepausen
bricht ein bisschen Glück durch's Grausen.
Diesem sind die Pausen länger,
jenem seltener und enger.
Dauerglück ist Illusion
– die Statistik richtet's schon!

Dass sie alles austariert,
dafür haben wir serviert
dem Gesetz der großen Zahl
vielmilliardenfache Wahl!
Und so glätten sich die Leiden
und verlieren sich die Freuden.
Übers Ganze sind wir gleich
krank, gesund, und arm, und reich.

Doch uns bleibt, danach zu streben
ganz statistikfrei zu leben,
der Statistik zu entgehen
und mit Vorteil dazustehen.

Ja, mit Vorteil: Sei's legal
durch der eig'nen Mühen Qual.
Oder and'ren weggenommen
– niemand ist doch ganz vollkommen...
Oder, dass von höheren Mächten
man sich, außerhalb von Rechten,
durch Gebet und fromme Bräuche
einen Beistand sich erschleiche?
Lass uns glauben den Geschichten,
die sogar Erfolg berichten.

Frag nicht, Individuum,
nach dem Wie und dem Warum...

02. 04. 2005 JHMzB

Im Leben gibt es Flips und Flops
– der letzte Flop ist: Man ist hopps!
Seit Salomon weiß man Bescheid:
es hat halt alles seine Zeit!
Gewähr ist nur dafür gegeben,
dass es mal Schluss ist mit dem Leben.
Als *sicher* gibt es dieses nur:
Unsicherheit – das ist Natur!

23. 07. 2005 KHB

Ein bisschen Anthropologie:

Wie aber ist es mit der Paarung?
Zwiespältig ist da die Erfahrung.
Auf Erden Himmel schon, die einen,
als Hölle will's den andern scheinen.
Triumph erleben – im Vertrauen –
sowohl viel Männer als auch Frauen.
Wer wen beherrscht, das ist die Frage
sowohl bei Nacht als auch am Tage.
Auch das kann die Besinnung rauben,
dass sie die Liebe sich nicht glauben.
Nicht immer geht die Paarung schief:
Es gibt auch Hochs, nicht nur das Tief.
Denn *beides* ist der Paarung eigen,
es wär' nicht gut, dies zu verschweigen.

27. 05. 2006 KHB

Wir sind dem Täter auf der Spur,
das ist bei uns ein Stück Kultur,
denn ist der Täter erst gefunden,
kann die verletzte Seel' gesunden.

So ist die Kriminologie
auch eine Art von Therapie.
Das Urvertrau'n, ist zu vermuten,
gilt dem Ermittler, nicht den Guten,
denn Böses ist, auch im Vertrauen,
doch jedem Menschen zuzutrauen.
Und die Moral von der Geschicht':
Wir hoffen immer auf's Gericht,
das uns, so hoff' ich, bleibt erspart,
den Bösen aber trifft es hart.
Ich frage, hoffentlich zu Recht:
Bin ich nur gut, sind and're schlecht?

21. 07. 2006 KHB

Wir sind noch immer sehr gesellig
und außerdem auch noch gesund,
drum hier, was längst schon überfällig:
Wir kamen noch nicht "auf den Hund".

Ich sitze auf dem Wannenrand
und meditiere mit Verstand,
wie schön es war im Bade,
doch ich muss raus, wie schade!

23. 07. 2006 JHMzB

Was ich von meiner Wade banne
ist der Gebrauch der Badewanne...

An KH *Backofen:*

Wenn ich jetzt hier im Keller sitze
als Flüchtling vor der Sommerhitze,
ist der Gedanke schon allein
an "Back" und "Ofen" eine Pein!

Doch kann ich, dank der grauen Zellen,
Assoziate richtig stellen:
Da gibt's doch auch, weit weg von "warm",
den Karl Heinz mit dem coolen Charme,
der, einfach weil es ihn plaisierte,
von Soest nach Warstein emigrierte,
und dort jetzt mit der Elsabeth
Unruhe stiftend sich ergeht,
indem er, meist in Reimes Form,
nicht achtend der Doktrinen Norm,
schlicht sagt, was das erfahr'ne Leben
und was der Geist ihm eingegeben
– ob das nun gar der heilige war
oder sein eigner, ist nicht klar –,
und der sich sicherlich nicht scheute,
sich anzulegen mit der Meute
von hochgelehrten Wissensträgern
und ausgetret'ne-Wege-Hegern
– den Papst, den Luther schont er nicht,
wenn's seinem Credo so entspricht.

Und *dieser* Kerl mit *dem* Verstand
berichtet nun vom Wannenrand,
was er, vom Ischias geschunden,
gesund sich plätschernd, hat empfunden
– es ist, weil's anders ihm nicht steht,
wie stets von höchster Qualität!

Sekrete – nein, bei dieser Hitze!
Doch die aus Karl Heinz' Hirn sind Spitze!
Die Situation: bemerkenswert!
Karl Heinz, von Kleidern unbeschwert,
auf eines Badezubers Rand,
mit nassen Fingern an die Wand
das schreibend, was sein Geist diktiert
– selbst Götter wären amüsiert!

Diogenes, der oft zitiert,
war auch ergebnisorientiert,

wenn er, auch wenn das Volk drob lachte,
in einer alten Tonne *dachte.*

Bei großen Geistern ist das so:
Was rauskommt zählt, nicht wie und wo!

02. 08. 2006 KHB

Wenn ich allein im Wasser stehe
und bis zum Hals das Wasser reicht,
dann fürcht ich, dass ich untergehe,
das wär' mein Ende dann vielleicht.
Doch wenn ich in der Wanne liege
und bis zum Hals das Wasser reicht,
dann fühl' ich, wie ich mich vergnüge,
dann fühle ich mich wohl und leicht.
Im Wasser wird es offenbar:
Das Stehen und das Liegen
sind nicht dasselbe, das ist wahr
– mal Angst – und mal Vergnügen.

03. 08. 2006 JHMzB

Ich wünsch' dir tiefes Wasser nie,
sonst kommt sie wieder, die Phobie.
Ich wünsch' dir stets das Wasser seicht,
wie mein Geschwätz, das jetzt dir reicht.

31. 01. 2007 KHB

Meine Tante Leoni
– niemand ist so klug wie sie –
kennt sich in der Welt gut aus
und macht keinen Hehl daraus.
Heut' zum Beispiel war im Kasten
Post von ihr: Ich solle fasten,

denn es müsst' der Winterspeck
endlich aus dem Leibe weg.
Sollte ich mich da erfrechen
und ihr trotzig widersprechen?

01. 02. 2007 JHMzB

Es passiert dir wieder schon:
Was du glaubst, ist Illusion!
Nicht der Winter hat's gebracht,
was dich unbeweglich macht,
Jahresringe sind es wohl,
die da wachsen, Zoll um Zoll.
Wer das sagt, hat selten recht:
"Die Saison, sie war so schlecht..."

20. 09. 2007 KHB

Ampelei

Wir schlängeln uns von Rot zu Rot
und schlagen dabei Zeit auch tot.
So fahren Meile wir um Meile
und leiden keine Langeweile.
Für Rentner ist das ein Vergnügen,
sie würden sonst im Bette liegen,
gelangweilt von zu vieler Zeit,
zu keinem Frohsinn mehr bereit,
den aber bietet und noch mehr
der rot verzierte Stadtverkehr.
Drum Rentner, lasst euch unterhalten,
genießt bei Rot und Grün das Schalten.

30. 12. 2007 KHB

Jahresende

Ich bin zum Hochmut nicht geboren,
der Stolz ist meine Stärke nicht,
ich sehe mich ganz unverfroren:
Auch ich bin nur ein kleines Licht
und bin schon ziemlich abgebrannt,
erleuchte nicht das ganze Land.
Doch damit tu ich mir nicht leid,
ich weiß nur über mich Bescheid.

Wir wünschen euch ein gutes Jahr,
was euch verdrießt, das bleibe rar,
was aber euer Herz erfreut,
das fülle reichlich eure Zeit!

31. 12. 2007 JHMzB

Zum Edelmut bist du geboren,
zum Stolze hast du jedes Recht,
zum Herren bist du auserkoren
und ganz gewiss nicht nur zum Knecht!
Du loderst noch mit voller Flamme,
dein Licht erhellt das Land umher.
Kein Grund ist, dass man dich verdamme,
doch dich zu loben umso mehr!
Das nächste Jahr sei frei von Nöten,
nur Freude bringe es den Zwei'n:
dem Karleheinz und der Elsbethen!
Das Glück sei mit euch in Warstein!

Sigrid und Jobst, sie sagen PROST!
(Aus Herford jetzt, nicht mehr aus Soest!)

01. 01. 2008 KHB

Ihr schreibt des Guten mir zuviel,
schreibt nicht vom Weg, schreibt nur vom Ziel.
Wie ihr mich seht, so wär ich gern,
doch ist die Wirklichkeit so fern.
In einem gar habt ihr geirrt,
und das hat mich sogar verwirrt:
Zum Herren tauge ich mitnichten,
kann andere so schlecht verpflichten,
so wurde ich nicht Offizier
und das ersparte manches mir,
auch ward ich nie, ganz konsequent,
gewählt als Superintendent.
So könnt ihr sehn: Ein Mangel kann
auch nützlich sein für einen Mann...

26. 01. 2008 KHB

Heut' – Samstag morgen, kurz nach Zehn –,
seh' ich den Rentner nicht mehr steh'n,
und schließ' daraus, intelligent,
dass ich den Zeitpunkt hab' verpennt:
Das Eierauto war schon da,
und ich sah nicht, wie das geschah!
Auf mich ist heute kein Verlass,
ich werde alt und merke das.

26.b 01. 2008 JHMzB

Wenn du den Eiermann vermisst,
kann's sein, dass es gut für dich ist!
Denn deine innere (Eier-) Uhr
erinnert dich zum Glücke nur
an das, worauf nicht zu verzichten,
und das sind Eier doch mitnichten!

Aufs Wesentliche sich beschränken –
das sei die Richtschnur für dein Denken:
Auf trocken Brot und Pellkartoffeln,
härenes Gewand und Filzpantoffeln.
Mit Wasser wird sich amüsiert,
im Übermaß nur kontempliert!
Nur Elsbeth darf als Luxus bleiben
und: Richtung Herford eMails schreiben!

26.d 01. 2008 JHMzB

Ich sage mir from time to time:
Ex ovo kommt der beste Reim!

06. 12. 2008 JHMzB

*Dem großen Lyriker Karl Heinz Backofen
einfach mal nachgesagt:*

Wenn KARL (der Heinz – der Große nicht)
zu seiner Liebsten (Elsbeth) spricht,
so hat er vorher viel sinniert,
zu Sagendes umformuliert,
hat Enzyklopädien durchwühlt
und Synonyme durchgespielt
– das alles nicht des Inhalts wegen,
da braucht er nicht zu überlegen –
nein: Nur die Form lässt ihn sich plagen,
denn er mag's nur in Reimen sagen,
was er zu sagen würdig hält
– die Prosa ist nicht seine Welt.
Er mag sich kaum damit befassen,
Gedanken aus dem Hirn zu lassen,
um sie dem schnöden Rest der Welt
(wozu vielleicht auch Elsbeth zählt),
schlicht hinzuwerfen, ohne Stil,
das wär' der Barbarei zuviel,

das wäre gar nicht comme il faut,
weit unter Minimal-Niveau!
Wenn auch nicht jeder es so sieht,
dass jeder seines Reimes Schmied,
für Karl Heinz kommt nur in Betracht
solider Reim, stets selbstgemacht!
Drum lassen wir uns inspirieren,
Alltägliches mal simulieren,
wie Karl (der Heinz) mit der Elsbethe
vielleicht kommunizieren täte:

"Verzeih mir, wenn ich mich erdreiste,
zu fragen, was mir nachts im Geiste
als völlig rätselhaft erschien:
Wo kommt das Altpapier bloß hin?"
"Karl Heinz, belehre deinen Geist,
dass man es in die Tonne schmeißt!"
"Bewahre! – Elsbeth, solcher Graus,
solch schnödes Wort in uns'rem Haus?
Apokalyptische Entgleisung!
Oh Elsbeth, folge meiner Weisung:
benutze nimmermehr hinfort
dies' unästhetische Unwort,
dies' "schmeißen" – pfui – in uns'rem Heim
– und dann erst recht nicht dessen Reim!
Es dreht sich mir der Magen um,
der lyrische! – Sag nur, warum
sagst du nicht einfach "translozieren",
"entfernen" oder "deponieren"?
Und dann zur "Tonne", die indes
nur kenn' ich vom Diogenes.
Entspricht es wirklich deinem Willen,
das Haus des Denkers zuzumüllen?
– Ich finde, liebes Elsbethlein,
du solltest mir doch Hilfe sein!
Du weißt, auf meine alten Tage,
verfiel ich einer üblen Plage,
ich nahm den PC allzu wichtig
und wurde sogar nach ihm süchtig.

Ich maile nach entfernten Orten
(und immer in gereimten Worten),
ich mail' nach Herford, mail' nach Trier,
und brauch' deshalb kein Briefpapier!
Papierlos geh' auch sonst ich vor:
Dank Google und dank Monitor
kann ich die Wissenslücken schließen,
die du und meine Lehrer ließen.
Und doch – ich will es ja bekennen,
will dir mein Handicap doch nennen –
ich lasse es nur ungern raus:
Ich drucke schließlich alles aus!
Jetzt hab' ich alles schwarz auf weiß
und weiß nicht, wie ich all den Sch--rott,
aus meiner Wirklichkeit entferne,
drum hält' ich deinen Rat doch gerne.
Doch bitte lass' die "Tonne" weg,
ich kenn' sie nicht für diesen Zweck,
verwende Worte nur gewählt
und reime sie, das ist, was zählt!
Noch besser ist, ich geh' spazieren
und lass' dich ungestört agieren,
und wenn beschwingt ich bin zurück,
versperrt hier nichts mehr meinen Blick..."
Was könnte Elsbeths Antwort sein?
Karl Heinz fällt sicher etwas ein,
bestimmt in lyrischer Version.
– Wie gut: Dies' alles ist Fiktion!

08. 12. 2008 KHB

Wie alt es sein muss, frag' ick mir,
dass ein Papier sei Altpapier
und man es dann ganz reuelos
so in die Blaue Tonne stoß'?
Da kam mir einfach in den Sinn,
dass ich *bei* meinen Texten bin.

So kam ich wie Diogenes
in eine Tonne – doch indes
war es mir aber keine Wonne,
zu warten in der Blauen Tonne,
bis sie dann würde ausgeleert
in irgend so ein Müllgefährt,
das mich dann brächt' zu einer Kippe,
wo ich geriet in eine Sippe
mit Bildzeitung und Bunter Presse –
das ist nun gar nicht mein Interesse.
Und das führt zu der Frage eben:
Muss, was ich denk', mich überleben?

30. 12. 2008 KHB

Mein Wunschtraum von der heilen Welt,
in der nur ist, was mir gefällt,
in der das Glück ist unbeschränkt
und nichts geschieht, was schmerzt und kränkt,
und niemand was verlangt von mir –
ja, diese Welt hätt' ich gern hier!
Die Wirklichkeit, nur ernst genommen,
lässt schwerlich mich zum Reimen kommen.
Die Wirklichkeit reimt sich mir nur,
wenn ich ihr heiter auf der Spur.
Denn Gott hat, was ich oft verlor,
in seiner Schöpfung viel Humor,
den ich sehr oft sehr spät versteh –
bis dahin tut das Leben weh!

14.b 02. 2009 JHMzB

Statt dass endlich sie erwärm' sich,
friert die Erde ganz erbärmlich.
Und wir müssen mit ihr leiden!
Geht es euch auch so, ihr beiden?

Ach, ihr wisst doch, was man tue:
Woll'ne Kleidung, warme Schuhe,
dann kann euch kein Frost mehr kränken.
Notfalls an den Namen denken,
der euch richtig handeln lässt,
weil doch Nomen Ofen est! *
Hinter dem noch "einen trinken"...
Mag die Welt im Schnee versinken:
Warstein wird zum Paradeis
mittendrin in Schnee und Eis!

[* Backofen]

16.b 02. 2009 KHB

Euer Gruß hat uns erwärmt,
anders als die Mutter Erde,
die, scheint's, für den Winter schwärmt,
gleichgültig, was aus uns werde.
An den *eig'nen Namen* denken,
kann ein wenig Wärme schenken.
Doch so geht's nicht allen Leuten,
die sich nicht am Schnee erfreuten,
denn nicht alle heißen so,
winterlich des Namens froh.
...

15. 02. 2009 KHB

Heut' vor 65 Jahren
bin ich mit der Tram gefahren
und bin aus der Tram gestürzt,
ward um einen Fuß gekürzt,
und ich gehe seitdem stolz
mit dem einen Bein aus Holz.

16. 02. 2009 JHMzB

Schande jener üblen Tram,
weil sie dir das Beinchen nahm!
Oder ward sie wohlgelenkt:
hat die Wehrkraft eingeschränkt?
Wärst du ohne sie schon "oben"?
Dann gilt's heute sie zu loben!
Besser lebend – ohne Bein –,
als – mit Bein – schon tot zu sein!
Manchmal arg verkannt zu werden,
blüht nicht nur den Trams auf Erden!

17.b 02. 2009 KHB

Ja, es ist ambivalent,
was man so das Schicksal nennt.
Es ist eine Kippfigur,
es gibt nicht das eine nur.
Denkbar ist, dass mit zwei Beinen
ich im Himmel würd' erscheinen,
oder ich mit einem nur
in der Welt folg' meiner Spur.
Hätte ich da selbst die Wahl,
blieb' ich hier gern allemal.
Doch die Wahl blieb mir erspart,
denn so ist es Gottes Art.

07. 11. 2009 KHB

Das Auftrittslied des Zupan aus der Operette
Der Zigeunerbaron, auf 2009 gemünzt:

Das Schreiben und das Lesen
ist nie mein' Sach' gewesen,
denn schon von Kindesbeinen
befasst' ich mich mit Schweinen.

So war ich auch nicht informiert,
dass Schweinegrippe jetzt grassiert.
Nun ist die ganze Sippe
erkrankt an Schweinegrippe,
und alle Leute schimpfen:
Warum lasst ihr nicht impfen?
Wer treu nur am Computer schreibt,
verschont von Schweinegrippe bleibt,
denn der Computer pustet nicht
die Viren in das Angesicht.
Drum schränk' ich Kommunikation
auf Mails ein, was mich sichert schon.

01. 01. 2010 KHB

Ich bin heut' morgen früh erwacht,
es war wie üblich gegen acht,
da konnt' ich am Kalender sehn:
Es ist soweit, zweitausendzehn.
Gott schenke dir, euch und uns allen
am neuen Jahr viel Wohlgefallen!

07. 05. 2010 KHB

Meine Tante Leonie,
niemand ist so klug wie sie,
und sie weiß das auch genau,
sie ist eine kluge Frau.
Also: Tante Leonie
legte mich kurz übers Knie,
denn ich hatte ihr gemopst
eine Birne, also Obst,
doch ich hätte bitten sollen
und nicht einfach nehmen wollen.
So hat sie mich früh gelehrt,
das zu tun, was sich gehört.

08. 05. 2010 JHMzB

Schlicht verhauen hat sie dich,
Leonie, wie fürchterlich!
Und sie hat's auch eingestanden?
Kam ihr der Verstand abhanden?
Denn man darf doch nur versohlen
auf der Basis "Gott befohlen",
wenn das Opfer man belehrt,
dass es sich drob nicht beschwert!
Tut's es doch, bestreite man,
beschmutze nie den Klerus-Klan!

[Berichte über Übergriffe in Erziehungsanstalten...]

14. 08. 2010 KHB

Vieles reimt sich nur zum Scherz,
so zum Beispiel Schmerz auf Herz,
und ich frage: Welches Herz
sehnt sich wirklich nach dem Schmerz?
...

15. 08. 2010 JHMzB

Beim Sinnieren übers Reimen
kommt man leicht aufs Verbchen "feimen".
Mancher dichtet, dass sich's reimt,
rücksichtslos, ja: abgefeimt:
Die Zitrone sei verbittert
– dabei schmeckt sie doch nur bitter.
Selbst das Kopfhaar sei erschüttert
– dabei ist es doch nur schütter.
...

17.b 09. 2010 JHMzB

Wer zwar am Reim viel Freude hat,
der wird von Schleim endgültig satt.

Wobei man "satt" sehr kritisch lese:
"gesättigt sein" ist heut' eh'r böse!
Das weiß so manchen Fettes Säure,
denn ungesättigt ist die teure,
die gute und wahrhaft gesunde,
die uns dann auch entsprechend munde.
Wobei dem Säure-Moleküle,
nach der'n Genuss man fit sich fühle,
man auch das C-Atom diktiert,
an dem es sei nicht saturiert:
es ist das dritte ab dem End',
den sinnvoll "Omega" man nennt.
So wird die Brücke dem gebaut,
dem Gleichnishaftes ist vertraut,
der Alpha/Omega verbindet,
mit dem, das er stets hat verkündet.
Ich fürchte, er assoziiert,
jetzt jedes Fett, das ihm serviert
und sättigend füllt seinen Magen
mit ungelösten Glaubensfragen...

[s. Omega-3-Fettsäuren]

05. 12. 2010 KHB

Gut für Unterhaltung immer
ist ein volles Wartezimmer.
Wer mit wem ist wo gewesen,
kann man in der *Bunte* lesen.
Was sonst in der Welt passiert,
bringt der *Spiegel* frisch frisiert.
Gut für Bildung ist auch immer
solch ein volles Wartezimmer,
denn was Neues wird erdacht,
wird zur Kenntnis uns gebracht
in den Blättern, die da liegen
zu Belehrung und Vergnügen.

Doch dann bin ich plötzlich dran,
eh' zu End' ich lesen kann.
Und so wart' ich immerhin
auf den nächsten Arzttermin.

11. 01. 2011 JHMzB

Wie man weiß, komm' ich vom Land,
daher ist mir wohlbekannt
vom Gebrauch und Wort her: Sense.
Alle Landbewohner kenn' se.
Doch gesteh' ich alter Tor:
kenn' se nicht mit Non davor.
Weiß an sich, was Bildung ist:
Pfarrer, Lehrer, Polizist
hat man uns doch mit Bedacht
in das öde Dorf gebracht,
dass sie uns als die Eliten
von der Bildung was verrieten,
doch gesteh' ich frank und frei:
Non mit Sense? Nicht dabei!
Habe nun, Karl Heinz, die Bitte:
Heile meine Defizite!

19. 02. 2011 KHB

Ich bin nicht ganz frei von Neurose,
ich greife dreimal in die Hose:
Hab' ich den Schlüssel auch bei mir,
eh' ins Schloss fällt die Wohnungstür?
An die Neurose kam ich – wie?
Es war in der Psychiatrie.
Es war in Dortmund-Aplerbeck,
dort übermannte mich der Schreck,
wir mussten heil'ge Eide schwören,
fünftausend Mark, falls wir verlören

den Schlüssel, der schließt alle Türen,
den durfte ich doch nicht verlieren...

20. 02. 2011 JHMzB

Schlüsselerlebnis

Das Epizentrum der Neurose
ist bei Karl Heinz schlicht seine Hose!
Wo Ängstliche ihr Herz verstauen
und Babys Reste vom Verdauen,
da wird bei Karl Heinz manifest,
was seine Psyche bibbern lässt,
da stellt er sich stets neu die Frage:
Hab' ich sie fest im Griff, die Lage?
Ist er noch da, ist er schon weg?
Er dient doch meinem Lebenszweck!
Mit ihm verlöre ich die Stelle!
Drum sollte ich, für alle Fälle,
ihn nur im Notfall noch bewegen,
ihn besser an die Kette legen,
den Schlüssel, und sodann die Chose
fixieren an dem Bund der Hose.
Das wird für Karl Heinz im Ergebnis
ein wahres Schlüssel (Fund) -Erlebnis!

08. 05. 2011 JHMzB

[Wir amüsierten uns über die Konjugation der ja so häufigen unregelmäßigen Verben.
Wie lernen Ausländer nur, was Kinder, nachplappernd, doch erstaunlich gut hinkriegen?
Vielleicht werde ich es bringen, dir ein Loblied zu singen. Habe ich es gebracht, wenn ich es gesacht habe? Oder brang ich es, wenn ich es sang?
Sterben – starb, erben –arb?]

Zeit für "verbalen" Denksport?

Ich hab' mich schon oft verschrieben,
wirk' auch sonst schon recht verschroben.
Karl Heinz wird die Elsbeth lieben
und hat sie auch stets geloben.
In die Luft schwang sich die Lerchen
– oder schwachte sie sich nur?
Und der Hund zu seinem Herrchen
brang das Stöckchen brav retour.
Hat das Herrchen sich erfrochen,
lezteres noch zu verbiegen,
mag das sein: Es ist zerbrochen.
Krog er Ärger? Mag er kriegen.
Trotzdem wird er lange leben
und auch glücklich, wenn er klob
– in die Rentenkasse eben
(wo das meiste Geld verstob).
Hat er oft das Glas gehoben
oder hebte er es oft?
Dann ist er wohl schon gestorben.
Sein Sohn arb, wie er erhofft...

13. 05. 2011 KHB

Ich versuche jetzt zu schlafen
und mich dafür zu bestrafen,
dass ich diese Nacht nicht schlief,
sondern laut um Hilfe rief
und damit den Nachbarn störte,
der mein lautes Rufen hörte,
doch ich hatte keinen Grund,
denn ich bin ja kerngesund.

14. 05. 2011 JHMzB

Dass Karl Heinz um Hilfe rief,
hoffe ich, war rein fiktiv!
Reizt es ihn doch, so beim Schreiben,
mit Entsetzen Scherz zu treiben.
Hoffentlich bringt ihn Elsbeth
wieder zur Realität,
sonst wirkt die Fiktion wie Drogen
auf labile Theologen!
Üblich ist, dass sie den Frommen
mit Beweisen gar nicht kommen:
"Glaub den Text, geschrieben steht er!
Zweifel heb' dir auf für später!"
Was für'n Tag soll das wohl sein?
Der des heil'gen Nimmerlein!
Hier, bei meinem Spintisieren
sollte ich KH zitieren:
"Ja, auch ohne Wenn und Aber,
jeder Mensch braucht mal Gelaber!"

15. 05. 2011 KHB

Du liegst, Co-Poet, nicht schief:
Hilferuf war rein fiktiv.
Was betrifft die Theologen
– wer kennt wirklich ihre Drogen? –
ist doch üblich, dass den Frommen
sie mit Schriftbeweisen kommen,
und die leuchten einem ein,
oder nicht, auch das kann sein.
Glauben kann auch Leben heißen.
Glaub' und leb' ich von Beweisen?
Oder ist mir die Erfahrung
meines Geistes wahre Nahrung?
Wie *erfahre* ich das Leben?
Ja, das ist die Frage eben.

17. 07. 2011 JHMzB

Gedanken eines Wortgläubigen

Vom Adjektiv zum Substantiv
der Weg ist manchmal ziemlich schief,
so dass das Substantiv in spe
ins Torkeln kommt und dann, o weh,
gewissermaßen zielerblindet
mal hier, mal da, ein Ende findet.

Zum Beispiel: Ich bin ziemlich faul
und träge wie ein alter Gaul.
Ich frag' im Namen all der Gäule:
Substantiviere ich zu *Fäule?*
Oder – um keinen zu vergrätzen –
ist besser *Faulheit* einzusetzen?
Und *Fäulnis?* Ach, wir lassen diese
beim Apfel, seit dem Paradiese.

Du siehst, Karl Heinz, ich leide sehr,
ich tu mich mit dem Denken schwer.
Wie gut, dass du im Denken bist
ein anerkannter Spezialist!
Im Glauben bist du's sowieso,
drum frage ich dich hoffnungsfroh
und weiter Adjektiv-geleitet:
Gläubig als solches ist verbreitet,
doch gibt es denkig? – Pustekuchen!
Im Duden brauchst du nicht zu suchen.
Substantivierend wird's nur schlimmer:
Den Denker gab es zwar schon immer
(ich denke wieder mal an dich,
als Denker bist du vorbildlich!).
Doch Glauber?? Kenne "Glaubersalz",
doch das beschreibt dich keinesfalls.
Wahrscheinlich wirst du dich verweigern,
versuche ich gläubig jetzt zu steigern:

gläubiger, am gläubigsten? Ein Graus!
Doch indirekt wird etwas draus,
der Komp'rativ, er führt mich hin
zum *Gläubiger*, doch macht das Sinn?
Ein Gläubiger, mit offner Hand,
dem Schuldner fordernd zugewandt?

Das Bild, es passt doch überhaupt
nicht auf den Menschen, der da glaubt
(von der Kollekte abgeseh'n
– verzeihe, wenn ich das erwähn'!).
Ein Gläubiger will Bares nur,
barmherzig ist er nicht die Spur!

Doch wenn ich ihm, an seinem Ende,
das r (den Buchstaben) entwende,
dann bietet sich die Lösung an:
Der *Gläubige* ist der Glaubens-Mann,
für den Barmherzigkeit nur zählt
und nicht des armen Schuldners Geld!

Wie war's AM ANFANG doch bequem:
da WAR DAS WORT – und kein Problem.
Probleme kamen ohne Zahl,
erst mit den WÖRTERN, dem Plural!

Den Plural woll'n wir auch verwenden,
indem wir euch jetzt *Grüße* senden!

18. 07. 2011 KHB

Nicht Gläubiger, wortgläubig sein –
so forderst du das Wort nicht ein,
wie Gläubiger einfordern Geld,
was Schuldnern ja niemals gefällt.
So bleibt mein Wort, geschuldet nicht,
als Antwort frei, ist keine Pflicht.

Weil keine Pflicht, macht es mir Freude
die Antwort dir zu geben heute.
Dein Leiden, dass das Denken schwer
für dich sei, teile ich nicht mehr,
denn was als Mail du mir geschrieben,
das ist durchdacht, doch nicht durchtrieben.
Vom Adjektiv zum Substantiv –
nicht dies nur läuft im Leben schief.
Viel schlimmer, find' ich, wenn die Verben,
zum Beispiel nimm mal das Wort werben,
zu Substantiven arten aus,
dann wird viel Werbung gleich daraus.
die flattert uns dann in das Haus.
Wenn Verben sich zu forsch entwickeln
zu Substantiven in Artikeln,
geschrieben von gescheiten Leuten,
ach, dann beginnt für mich das Leiden
an Sprache und an Wissenschaft
und ich bin alsbald dann geschafft.
Von Genitiv zu Genitiv
muss ich sortieren, was da lief
in dem Gehirn von dem, der schrieb.
Schon oft ich auf der Strecke blieb.
Verzweifelt geb' ich's Lesen auf,
wenn Substantive sind zu Hauf.
Die Substantive in der Fülle,
die machen Denken zum Gemülle.
Ich lese, dass Gott spricht: *Es WERDE.*
Kein Substantiv erschafft die Erde.

18.b 07. 2011 JHMzB

[Lieber mit Erfolg im Status des Mailbeantworters
Gewesener, sei Empfangender meines Dankes!
Natürlich bist du Rechthabender in der
Fragestellung, ob nicht die Häufung der
Verwendung von Substantiven zur Vermüllung des
Denkens führen könnte. Gleichwohl besteht auch
eine Berechtigung der Auffassung, dass eben aus

der Übertreibung dieser Unkultur im Sinne einer
Provokation, einer Karikierung, einer
Anprangerung sich eine Besserung, wenn nicht gar
eine Heilung von diesem Übel ergeben mag. Es sei
einer Dahinstellung unterworfen, ob in diesem
Zusammenhang der Verweisung auf die
Austreibung des Teufels mittels Beelzebubs eine
Zulässigkeit zukommt. Hier gilt unsere Empfehlung,
die Angelegenheit zwecks endgültiger Klärung der
Bearbeitung durch professionelle Theologen zu
überlassen...]

19. 07. 2011 KHB

Substantivieren – wie sich zeigt –
dem bist du gar nicht abgeneigt.
Du türmtest Substantive auf,
ich nehme gerne es in Kauf,
mich abzumühen und zu lesen,
was dir so wichtig ist gewesen,
dass du es redlich hast probiert,
erfolgreich auch substantiviert.
Ich mühte mich jetzt zu vermeiden
in Substantive abzugleiten.
Im Folgenden mach' ich mir's leicht
und schreib' drauf los, müh'los und seicht.

Brav bin ich im Bett geblieben,
hab' mir hinter's Ohr geschrieben,
was ich tunlich sollte tun,
will im Bett ich sicher ruh'n.
Bier und Wein in kleinen Mengen,
dass sie mich zum Klo nicht drängen.
Rätsel- und Probleme-Lösen
hindert mich auch einzudösen.
Fragen, was wohl übermorgen
aus mir wird, bereitet Sorgen,
die, das weiß schon jedes Kind,
Feinde uns'res Schlafes sind.

21. 07. 2011 KHB

Am Donnerstag, heut' in der Früh,
da mache ich mir keine Müh,
lass' freien Lauf der Fantasie,
und dieses produzierte sie:

Siesta in der Wüste

Ich suche, ob da Bäume sind,
von denen ich doch keine find',
die könnten spenden mir den Schatten,
und ich könnt' spannen Hängematten.
Doch muss im heißen Sand ich liegen,
und das ist wahrlich kein Vergnügen.
Und Schatten ist doch hier nur einer,
und sehe ich ihn, ist es meiner.
Um Schatten sind wir nicht verlegen,
denn heuer fällt viel eher Regen.
Weil wir nicht in der Wüste sind,
ist feucht und kühl bei uns der Wind.

26.c 07. 2011 KHB

Das Immunsystem, so wichtig,
funktioniert bei mir nicht richtig.
Meine Kiefer, beieinander,
klaffen plötzlich auseinander,
nur weil ich das Wort les': "Gähnen".
Peinlich, dies jetzt zu erwähnen.
Geht es euch jetzt so wie mir,
könnten konkurrieren wir.
Doch das wünsche ich euch nicht,
Gähnen ist doch keine Pflicht.

26.d 07. 2011 JHMzB

Alles – also auch das Gähnen –
hängt zusammen mit den Genen!
Früher gab's schon mal 'nen Hieb,
wenn man böse Sachen trieb.
Heute sagt man unschuldig:
Meine Gene war'n's, nicht ich!

29. 07. 2011 KHB

Lauf ich auch unter "ferner liefen...",
so bin ich doch am Laufen.
Das kann den Eindruck nur vertiefen:
Ich müsste mal verschnaufen,
am Wochenende dies mal tun,
und endlich mich mal auszuruh'n.

30. 07. 2011 JHMzB

Du solltest doch dein helles Licht
nicht unter'n Scheffel stellen!
Ein Hofhund tut still seine Pflicht,
doch darf er auch mal bellen.
Und schließlich liefst du doch meist vorn!
Blick mal zurück, doch ohne Zorn!
Und was das Wochenend' angeht:
Der Ruhe pfleg, und *die* Elsbeth!

30.c 07. 2011 JHMzB

[nach Hinweis auf KHBs frühe Reitbemühungen]

Das Pferd, das du geritten hast,
das ward dadurch geadelt – fast.
Es trug, das wurde ihm gewahr,
a coming light, a rising star!

(It was an english one, a horse,
its thoughts came from its native source!)
Das wär' dem Pferde nicht passiert,
wär's nicht beizeiten immigriert.
Du siehst: Er macht das Leben bunt,
der Migra... (weißt schon!) -Hintergrund.
Das nicht zu sehen, nehm' ich krumm
dem braunen Idiotentum!
Es wird ein jeder, der migriert,
und tadellos sich aufgeführt,
von mir entsprechend akzeptiert
und manchem Deutschen präferiert!
Auf Pferderücken liegt nicht nur
das Erdenglück, nein: auch 'ne Spur
von Weisheit, wenn auch sehr versteckt.
Karl Heinzens Ritt hat's aufgedeckt!

23. 08. 2011 KHB

Sinn

Es könnte sein,
was noch nicht ist,
und was schon ist,
könnt anders sein.
Es dreht der Zeiger an der Uhr
unendlich seine Runden.
Ich folg' andächtig seiner Spur
und zähle meine Stunden.
Es ist ja der Uhrzeiger-Sinn
der einzige Sinn ohnehin.

23.b 08. 2011 JHMzB

Karl Heinz' Sinnsuche

Du hast mit deinem Lymail-Hirn
(gleich hinter deiner Denkerstirn)
mit instinktiver Sicherheit
für zeitenlose Wichtigkeit
ein Wort entfischt der trüben Lache
– pardon: *dem Meer* – der deutschen Sprache!
Das Wort, es heißt Uhrzeigersinn,
es löst das Sinn-Problem schlechthin!
Wann immer eine Uhr sich dreht
– pardon: der Zeiger! – und nicht steht,
dann ist ganz klar (das gibt's sonst nie
bei philosoph'schen Termini!):
Ihr Sinn ist immer rechtsherum!
Kein Aber! Ende, Schluss, punktum!
Okay, der Sinn hat einen Dreh,
er ist ein Dreh-Sinn schon per se,
doch immer schon macht Dreh erst wichtig
ein Wort, das sonst eh'r unterschichtig.
So ist die Dreh- die bess're Tür,
auch Dreh-Wurm steht ganz gut dafür,
ein Dreh-Buch gibt's nicht überall,
der Dreh-Turm ist auch so ein Fall...
Wir durften wieder Zeugen sein:
Karl Heinz setzt manchen Meilenstein!

24. 08. 2011 KHB

Das Wort Uhrzeiger-Sinn besagt,
wenn man die Tatsachen befragt:
Der Zeiger geht nicht her und hin,
er hat ausschließlich Eigen-Sinn.
Ob rechts, ob links, in welche Richtung,
bedürfte doch wohl noch der Schlichtung:

Schau' ich aufs Zifferblatt, ist klar:
Es geht nach rechts, das ist wohl wahr.
Doch wär' das Zifferblatt nun ich,
dreht er nach links ganz sicherlich.
Selbst hier kommt – wer will zweifeln dran –
es auf die Perspektive an.
Ganz so wie bei der Wetterkarte,
wenn ich auf die Prognose warte.
Wenn wir vom Satelliten sehn,
dreht sich das Hoch nach rechts, wie schön,
doch sehe ich das Hoch von unten,
dann dreht nach links es seine Runden.
Beim Tief dreht sich das Ganze um.
Der Satellit sieht: links herum,
doch stehe unten ich im Regen,
wird sich das Tief nach rechts bewegen.
Und so bedeutet das Wort Sinn:
Das Leben geht nicht her und hin,
denn unumkehrbar ist das Leben
– ob rechts, ob links – so ist das eben...

25. 08. 2011 JHMzB

Der Gründe, weiter zu sinn-ieren,
gäb's viele, doch ich will probieren,
sie allesamt zu ignorieren
und and'ren Themen nachzuspüren.
Zumal ich immer würd' verlieren,
begäb' ich mich in's Konkurrieren
und schlimmer noch: in's Duellieren
mit Karl, dem Heinz, der doch das Führen
des Gänsekiels, und das Scribieren
auf allen Arten von Papieren
– und nicht nur, um es zu verzieren,
nein, frei von solcherart Allüren,
dort Sinngefülltes zu fixieren –

zum Lebens-Werk konnt' kultivieren.
Mir scheint, ich sollt' mich korrigieren:
Sein Œuvre ist zu komplettieren!
Da ist noch manches zu addieren,
dem Lebenswerk hinzuzuschnüren.
Es ist ein bisschen Missionieren,
ein bisschen Seelen-Therapieren,
die Frohe Botschaft Transferieren...
Er kann's, das wird ein jeder spüren!
Auch darf ich keinesfalls negieren:
Auf Elsbeths Wohl zielt sein Agieren!
Er hat ja schließlich auch Manieren...
Sie weiß das, und es wird sie rühren.
Karl Heinz wird langsam protestieren,
bei so viel Lob intervenieren.
Er liebt es nicht, so zu brillieren,
mag's ihm auch noch so sehr gebühren.
Hierüber wirst du kontemplieren,
doch lass' nicht nach, zu lymailieren!

26. 08. 2011 KHB

Ich wusste gar nicht, wieviel "ieren"
die Sprache uns kann offerieren,
da kannst du mich ganz schön blamieren,
mein Selbstbewusstsein deformieren,
das geht mir förmlich an die Nieren,
da muss ich mich doch wohl genieren,
und mich auch ganz neu orientieren.
Wofür kann ich da noch optieren?
Ich will doch niemanden verführen,
gar über mich zu jubilieren.
Es liegt mir fern zu triumphieren,
bin keines von den großen Tieren,
die hoch zu Ross auf allen Vieren
sich stolz der Umwelt präsentieren.
...

27. 08. 2011 JHMzB

Trinke in – nicht aus – Maßen!

Von Weinen nicht, und auch von Bieren,
lass' dich, Karl Heinz, bloß nicht verführen!
Spirituosen-Konsumption
spricht pastoraler Haltung Hohn,
wenn sie sich nicht darauf beschränkt,
dass sie nur die Oblate tränkt.

Wortgeklaube:

Von guten Geistern verlassen
Was trennt Spiritu-alität
wohl von Spiritu-osen?
Ist es, was Virtu-alität
trennt von den Virtu-osen?

Credimus

Irrglaube nennt uneingeschränkt,
das, was des Andren Denken lenkt,
wer sich im rechten Glauben glaubt,
was ihm ein Zweifeln nicht erlaubt.
Doch wie mag wohl der Andre nennen,
wozu sich Erstere bekennen?

28. 08. 2011 KHB

Wetterbericht 3

Die Wolken legten ihre Schatten
wohl auf die Wiesen und die Matten.
Das Schlimmste hat uns nicht getroffen,
drum sage ich es jetzt ganz offen:
Den Tag nicht vor dem Abend schelten,
das sollte wohl als Regel gelten.

29. 08. 2011 JHMzB

Den Tag nicht vor dem Abend schelten –
deutsche Grundhaltung?

Für viele scheint sogar zu gelten,
dass sie vorm Tag den Abend schelten!
Am Pessimist ganz typisch ist:
Schon vorher weiß er: ALLES MIST!

30. 08. 2011 JHMzB

Alles klar!

Wer sich erleuchtet wähnt, muss wissen:
Erleuchtung hat schon oft besch...
Schon für die Einsicht gilt: Ihr Bruder
das ist der Irrtum, dieses Luder!
Ganz ähnlich: Fürs Genie weiß man,
der Wahnsinn wohnt gleich nebenan!

30.c 08. 2011 JHMzB

*(Braucht's Gebrauchsanweisung? Bei den GROSS
geschriebenen Beispielwörtern setze man zunächst
ÜBER als Präfix davor, dann kann man überlegen,
ob auch UNTER einen Sinn ergäbe...)*

Gedanken über ÜBER und UNTER

Wenn wer mal schwelgt im *Über*fluss,
dann schwelgt er eben. Ein Verdruss
am Schwelgen ist doch wohl hienieden
dem Sterblichen noch nicht beschieden.
Und das sagt uns: Im Paradiese,
wo *Über*fülle herrscht, kann diese

der Dauer wegen denken lassen,
es sei des Teufels, dieses Prassen!
Ist das Wort ÜBER überflüssig,
sind wir des ÜBERs überdrüssig?
Sein Gegenteil steht längst bereit:
Passt UNTER mehr in uns're Zeit?
Das ÜBER sei substituiert
durch UNTER, und wir sind saniert!
Setzt UNTER- manchem Wort voran.
An Beispielswörtern sei's getan:
GEWICHT und auch BEVÖLKERUNG,
Und TREIBUNG und auch ARBEITUNG.
Und FLUSS und DRUSS, die schon genannt.
Und MASS und FRESSEN (sind verwandt!).
Selbst BEIN stell' ich als Beispiel hin
und DOSIS aus der Medizin.
Und FALL und auch die HEBLICHKEIT,
das HOLEN und die LEGENHEIT.
Die Verben QUELLEN und auch ROLLEN,
die REDUNG auch, die wir nicht wollen!
Und GRIFFE haben nichts verloren
bei Lehrpersonen und Pastoren.
Und das gilt schließlich auch fürs SCHREITEN.
Das SCHNAPPEN scheint sich zu verbreiten.
Das ZIEHEN führt direkt zur SCHULDUNG!
Die SCHWEMMUNG duldet keine Duldung!
Nicht zu vergessen auch das RUNDEN
und ARBEITEN und zuviel STUNDEN.
Bei MENSCHEN ist es problematisch,
bei MUT nicht ausschließlich soldatisch.
Das Letztere gilt eh'r für LAUFEN.
Das FÄLLIGE soll man nicht kaufen.
Bei NÄCHTIGT bleiben Fragezeichen,
bei ZUCKER woll'n sie auch nicht weichen...
Die LAST, die FORDERUNG zu tragen,
schlägt, wie man sagt, leicht auf den Magen.

Für den ist FÜLLE stets gefährlich,
auch deshalb bin ich jetzt entbehrlich...

Ich schließ' darum den ÜBER-Reigen.
Ich hoffe, ich konnt' über-zeugen!
Ich schwör' bei einem Gläschen Wein:
Ich will nicht mehr KANDIDELT sein!

31.b 08. 2011 JHMzB

Fünffüßige Kata-Strophe

Ich war verrückt, dir auf den Leim zu gehen,
bei jedem Wort nach einem Reim zu spähen!
So habe ich schon stundenlang gesündigt,
seh' die Gefahr, dass meine Frau mir kündigt!
Als Single-Rentner hat man nichts zu lachen...
Darauf versuch' ich, mir 'nen Reim zu machen!

01.b 09. 2011 JHMzB

Vorbemerkung:

Manche Idee –
sie kommt wie Schnee,
auf Sommers Höh'.
Ist einfach da,
erzeugt BlaBla,
alles ganz fix.
Und dann: war nix!

Der kleinste Unterschied: 1 Buchstabe

Zunächst ist Sprache redundant,
das heißt: Ihr Sinn wird auch erkannt,
und Unterscheidbarkeit besteht
noch, wenn man einiges verdreht.
Gelegentlich doch gilt das nicht.
Genauigkeit wird dann zur Pflicht!

Da hat ein einziger Buchstabe
auf einmal eine selt'ne Gabe:
Ihn zu verändern ist ganz schlimm,
der Wortsinn steht und fällt mit ihm!
Das Ändern ist des einen Mord
doch Neustart für ein and'res Wort.
Leicht wird aus einem BRITEN BRATEN,
und aus den RITEN großes RATEN,
und aus dem IREN wird das IRREN,
geeignet, um uns zu verwirren.
Gar übel nimmt es die FRISEUSE,
vertippt man sie mal zur FRITEUSE!
Geht's bei dem TEICHE um 'ne LEICHE?
Und bei der SCHEUCHE nur um SCHEICHE?
Hat UNO REVOLUTION beschlossen
statt RESOLUTION? Dann wird geschossen!
EMPHATISCH wirkt man leicht verschroben,
wenn des EMPATHISCH H verschoben.
Wer möchte RINDER statt der KINDER,
die SÜNDER stopfen statt der MÜNDER,
die doch nur um die TORTE BATEN
– sie wollten nicht nur WORTE RATEN!
Beim Reimen kann man sich VERHAUEN
und falsch getippt sogar VERSAUEN.
Die NOTEN werden dann zu TOTEN,
alternativ auch mal zu ZOTEN.
Den AFTER hat der Mensch per se,
sein ALTER steigt so peu à peu.
"MAGNET" verzeiht nicht der MAGNAT,
SALUT gefällt ihm, nicht SALAT!
Genügt das WISCHEN? Muss man
WASCHEN?
Passiert in NISCHEN auch ein NASCHEN?
Sind SCHOTTEN eine Form von SCHATTEN?
MUGATTEN männliche MULATTEN?
Klein-Hans liebt RADELN mehr als TADELN
und später MADELN mehr als NADELN.
Und was zeigt stolz die kleine Suse?
Die BLASE? Nein, es ist die BLUSE!

Entsetzen zeigt die Spatzen-MUTTER:
Sie bringt den Kleinen frisches FUTTER,
doch ist im Nest jetzt statt der BRUT
dank des Druckfehlers nur noch BLUT?
Ich will's nicht auf die SPITZEN treiben,
das mit den SPATZEN lass' ich bleiben...
Karl Heinz muss sich nicht echauffieren:
Aus KARL wird KERL? – Zu tolerieren!

04. 09. 2011 JHMzB

Made in Herford

Das Gärtchen hier ist unser Glück
– wenn hinter Eden auch zurück.
Mit Grün- und Blühzeug reich gespickt
hat es uns immer neu entzückt.
Nur dem Vergnügen soll es dienen
und Arbeit machen nur den Bienen.
Von Küchenkräutern abgeseh'n,
war es nicht nützlich, nurmehr schön,
bis nun ein Bäumchen sich entsann,
dass es auch Früchte tragen kann.
So hing denn erstmals an dem Baume
die eine oder andre Pflaume!
Wir schwelgten in Erwartungsfreude
beim Anblick dieser Augenweide!

Doch als jetzt kam die Erntezeit,
schlug zu des Lebens Wirklichkeit:
Man hat das Bäumchen flugs erklommen,
hat von der Frucht Besitz genommen,
zieht in Betracht der Frucht Genuss
– der Speichel ist schon sehr im Fluss –,
man öffnet seine Beißer schon,
bringt sie in Zubeiß-Position.
Da hört das wache Ohr entsetzt
ein zartes Stimmelein: "Besetzt!"

Man folgt der Stimme mit dem Messer
– die Zähne schließt man vorerst besser –,
und man entdeckt: Der Pflaume Stein
ist in der Pflaume nicht allein!
Er hat zu teilen sein Quartier
mit einem kleinen Krabbeltier,
das offenbar, auf braunem Pfad,
die Frucht schon vorgekostet hat.

Solch Bild ergibt sich immer wieder!
Was bleibt? Man kämpft den Speichel nieder,
klappt zu die Zähne und den Mund
und tut der Ehegattin kund,
man wolle sie damit beglücken,
so ganz spontan, aus freien Stücken,
zu tun, was längst mal fällig sei:
Sie ausführ'n zur Konditorei!

Dort kann Erlebtes man vergessen
bei einem Pflaumenkuchenessen.
Lenkt uns da nicht die Illusion:
Des Konditoren Profession
erahnt die Gegenwart der Made,
und er entfernt dann ohne Gnade
das Mädchen samt der ganzen Frucht,
bevor er sie verpflaumenkucht?

Das wollen uns die Maden lehren:
Sie sind problemlos zu verzehren,
wenn man sie vorher nicht geseh'n.
Nicht-Wissen macht das Leben schön!
Es gilt aus Pflaumenessers Sicht:
Mach' dir das Nicht-Hinseh'n zur Pflicht!
Manch Bürger ist das längst gewohnt,
weil es auch sein Gewissen schont...

Des Lebenskünstlers Leitmotiv:
Noch nie ging etwas richtig schief!

So kann kein Zweifel ihn versuchen,
auch beim Genuss von Pflaumenkuchen,
ist er sich doch bei jedem Biss
der Madenlosigkeit gewiss!

04.b 09. 2011 KHB

Es geht auch um Naturbewahrung:
Die Made dien' uns nicht zur Nahrung.
Doch wird die Maische destilliert,
sind dann die Maden aussortiert?
Ich finde Maden nicht im Trank,
er ist durchsichtig und so blank.
So ist es auch bei allen Früchten
– ganz sicher ist man da mitnichten.

Sei froh um das, was du nicht siehst,
wenn du das Obst ganz frei genießt.
Was ich da schreibe, ist nicht schlüssig,
vielleicht sogar auch überflüssig.
Wir kauften Pflaumen in dem Laden.
In einigen da waren Maden,
die andern waren madenfrei,
so hofften wir, dass schadenfrei
gegessen wir von diesem Baum,
denn Pestizide war'n da kaum.
In Pflaumen aus dem andern Laden,
da waren wirklich keine Maden,
doch war gestört der Seelenfriede:
Ob wir nicht aßen Pestizide?
....
Ja, schon in dem Paradeis
war das Pflücken sehr riskant,
weil dasselbe, wie man weiß,
manchmal keinen Beifall fand.

04.c 09. 2011 JHMzB

Das Motiv Gier

Der Unterschied von Mensch und Tier
liegt sicher nicht im Punkte Gier,
denn gierig sind sie beide.
Der Rentner, der zum "Opfer" wird,
er wurde allzu gern verführt
– zu seines Bankers Freude.
Gewinnaussichten, überhoch,
Rendite, Zinsen – noch und noch!
Da wird ein Rentner kirre.
Und dann des Bankers Provision,
viel höher als "normaler" Lohn,
die macht den Banker irre.
Ob Täter auch mal Opfer sind
und Opfer Täter? – Das ergründ'
ich nicht in meiner Zeit.
Wenn Zockerei sich potenziert,
zur Blase wird und explodiert,
dann schafft sie eben Leid!
Beim Geld rächt sich ein Denk-Verzicht,
denn da gibt's oft kein "Tut-man-nicht",
kein faires Informieren.
Am besten ist wohl: Jeder fühlt
in sich hinein. Und weiß, wer spielt,
der kann auch mal verlieren!

06.b 09. 2011 JHMzB

Sein und Haben

So mancher ist ein rechtes Schwein:
Im Umgang ist er hundsgemein
und niemand mag ihn leiden.
Vielleicht ist er auch äußerlich
ein Schmutzfink, denn er wäscht sich nich'.

– Ein jeder wird ihn meiden.
Wenn jemand dich als Schwein bezeichnet,
dann heißt das, du bist nicht geeignet
für seinen Freundeskreis.
Dann musst du (das verlangt der Reim!)
den Kerl umschleimen, und der Schleim,
das ist ein hoher Preis!
Auf einem gänzlich and'ren Blatt,
da steht das Schwein, das man nur hat,
das ganz artikellose.
Ein Glückspilz hat einfach nur Schwein,
dem Tier fehlt völlig das Wort "ein".
Hätt's es, wär's für die Dose!
Das *Ohne-Ein*-Schwein hat nicht jeder.
Vielleicht fehlt ihm der rechte Köder
– es kommt an ihn nicht ran.
"Wer Schwein hat, braucht's nicht selbst zu sein,
ich habe kein's, drum werd' ich Schwein!"
– Was Neid anrichten kann!

08. 09. 2011 KHB

"Wer Schwein hat, braucht's nicht selbst zu sein."
Wer aber keins hat, ist nicht Schwein
so logisch und unweigerlich,
denn da entpuppt die Logik sich
als unmenschlich und als brutal.
Ich widersprech' in diesem Fall.
Schwein – das leuchtet mir nun ein:
besser haben als zu sein.
Doch das widerspricht nun mal
ganz der gängigen Moral,
denn sich rühmen mit dem Haben
zählt nicht zu den guten Gaben.

"Gut" zu haben ist nicht fein,
"gut" muss man schon selber sein.
Und so unterscheiden sich
"gut" und "Schwein" ganz sicherlich.
Und da frage ich zurück:
Worauf gründe ich mein Glück –
auf das Haben, auf das Sein?
Die Entscheidung macht mir Pein.
Bin ich damit ganz allein?

08.b 09. 2011 JHMzB

Die Quintessenz der Schweinerei?
Ein MANCHER findet nichts dabei,
wenn er zum Schwein mal eben wird.
Er fühlt sich dadurch exkulpiert,
dass er mit spitzem Fingerzeig
erklären kann: "Der da ist reich,
und ich bin arm. Der hatte Schwein."
Dass DER womöglich nicht allein
per Schwein zu seinem Status kam,
vielmehr sich niemals Freizeit nahm
und auf der Basis seines Fleißes
im Angesichte seines Schweißes...
– nein: umgekehrt! – Du weißt schon wie!
– ... auf jeden Fall: mit Energie
und Tatkraft es zu etwas brachte
und so des MANCHEN Neid entfachte,
das alles sieht der Neider nicht,
er denkt nur einfach und auch schlicht
und möchte auch zu Wohlstand kommen.
Für ihn gilt nicht das Wort der Frommen:
"Und weiche keinen Finger breit..."
Dafür, meint er, sei keine Zeit,
er habe nur begrenzt zu leben
und ihm sei Tatkraft nicht gegeben,

deshalb sei jedes Mittel recht,
egal, ob gut es oder schlecht,
wenn es nur zum Ergebnis führt.
So wird zum Schwein-Sein er verführt!
Ich weiß, das gilt nicht allgemein,
doch immer öfter *ist man Schwein!*

29. 09. 2011 *JHMzB*

[nach dem Urlaub am Bodensee]

Es hat im Feld der Medizin
Herunterkommen auch noch Sinn.
Doch gibt's da nicht das Gegenteil
– Heraufzukommen ist noch feil!
Wir haben leider zugenommen,
herunter sind wir nicht gekommen...
Nur eine Richtung gibt es auch
im Seelensorger-Sprachgebrauch:
Man fährt zur Hölle stets hinab,
wenn man dazu den Anlass gab.
Zum Himmel rauf, zur Hölle runter,
der Richtungsstreit wird immer bunter!
Dazu passt auch beim Thema Geld:
Zum Teufel ist's beim Kurs, der fällt.
In Meersburg stand an einer Wand,
geschmiert von eines Sprayers Hand:
"Auch Wahn hat Sinn!" – gar nicht so schlecht,
doch unserm Anspruch nicht gerecht.
Ich finde, von Karl Heinz verwöhnt:
Das Denken sei durch *Stil* gekrönt!

30. 09. 2011 JHMzB

Chaotisch-Quotisches, Dreist-Drostisches

Annette Droste-Hülshoff re-
sidierte hier ganz in der Näh,
in Meersburg, unserm Urlaubsort.
Sie zog aus ihrer Heimat fort,
dem nördlich kalten NRW,
zum südlich-warmen Bodensee.
Hier, von den Musen inspiriert,
durch die Umgebung motiviert,
sah sie sich ganz der Kunst verpflichtet.
Sie hat vor allem viel gedichtet.
Literatur war ihre Stärke,
fast jeder kennt heut' ihre Werke.
Sie hat (in heutiger Diktion)
zu ihrer Zeit verbessert schon
mit allem, was ihr zu Gebote,
die weibliche Bedeutungsquote!
An manche Frauenrechtlerin:
Annettes Grab hier – nichts wie hin!
Verfasserseits wird angemerkt:
Es sei hier nicht der Trend verstärkt,
die Quote vor die Frau zu stellen
und so ein Werturteil zu fällen.
Wir wissen es doch ganz genau:
Sie liebt den Hintergrund, die Frau,
lässt and're auf dem Catwalk geh'n,
hasst es, im Rampenlicht zu steh'n,
sie kennt nicht all die Eitelkeiten,
das Blenden, Protzen, Stelzen, Schreiten,
sie wird den lauten Beifall flieh'n,
sie möchte im Verborgnen blüh'n.
Das Edle, Gute, Wahre, Schöne,
das meidet doch die off'ne Szene!
Die Quote beschreibt Häufigkeit,
die Wichtigkeitswahrscheinlichkeit,
sie kümmert keineswegs sich um

das Frauen-Individuum.
Die Nüsslein-Volhard, die Curie
– sie waren ohne Quote *sie*,
ganz einzeln war'n sie sehr gescheit,
und nicht dank einer Häufigkeit!
Stellt wer sich vor, dass es Annette
ganz kolossal belustigt hätte,
als Anti-Quoten-Frau zu glänzen?
Anachronismus setzt hier Grenzen!

05. 10. 2011 KHB

Es liebt den Hintergrund die Frau –
wer weiß denn das so ganz genau?
Der Hintergrund wird ihr gewiesen
von vielen Männern (von den fiesen).
Im Rampenlichte können stehn
die Frauen heute dank Fernseh'n.
Wer nur im Hintergrund darf blüh'n,
ist schwerlich andern Menschen grün.

Curie und Co. war'n sehr gescheit.
Bei Frauen keine Seltenheit!
Die kluge Frau *im Hintergrund*
gibt zur Besorgnis eher Grund.
Die kluge Frau, sie scheue nicht
das Tages- oder Rampenlicht.
...

08. 10. 2011 JHMzB

Meist liebt man's, als BEKANNT zu gelten,
für VERKANNT gilt das eher selten!

16. 10. 2011 KHB

Es geht mir zeitgemäß

Es geht mir nicht mehr icks, icks, ell,*
doch immer noch icks, icks.
Es geht nicht alles mehr so schnell,
doch leb' ich ohne Tricks.
Ich kann nicht weite Wege gehen,
kann auch nicht mehr gut hören,
ich kann auch nicht mehr so gut sehen,
das kann zuweilen stören.
Doch geht es icks, icks immerhin,
weshalb auch heiter ist mein Sinn.

* *Eben las ich in der Werbung: Das wird ja XXL geschrieben...*

16.b 10. 2011 JHMzB

Auch mir, ganz existentiell,
stellt sich zur Zeit die Frage:
Kann ich noch etwas XXL
auf meine alten Tage?
Ich stelle fest, so weh's auch tut:
Ich komme nur auf X!
Ich kann nur eines wirklich *gut:*
schlecht hören, und sonst nix.

23. 10. 2011 JHMzB

Aktuelle (Ab-) Fälle

Zur Lebensmittelhaltbarkeit
hat jeder seinen Senf bereit
und äußert ihn auch sehr beflissen:
"Zu viel, zu früh wird weggeschmissen!"

Doch wenn es dann an's Kaufen geht
und er vor den Regalen steht,
dann geizt er nicht mit seiner Zeit,
wählt nur die längste Haltbarkeit,
die möglichst 30 Tage währt
– in einer Woche ist's verzehrt...
So ist Vernichtung vorbestimmt,
weil keiner mehr das Ält're nimmt.
Dabei ist "Jeder" gar nicht dumm:
Zu Hause macht er's anders rum,
da lässt er nichts so leicht verkommen,
das Ält're wird zuerst genommen.
Auch die Moral ist leichtverderblich,
wie auch ihr Träger (dort heißt's "sterblich").
Zu hoffen: Erstere verdirbt
nicht eher, als ihr Träger stirbt!

12. 11. 2011 KHB

12. November auf dem Balkon

Die Sonne scheint mir auf den Bauch,
das tut ihm gut und mir ja auch.
Das ist nicht so in jedem Jahr
zu dieser Zeit, das ist doch wahr
in uns'rem deutschen Vaterland,
das für Novembergrau bekannt.
In diesem Jahr lohnt der Balkon,
obwohl es fast ist Winter schon,
wenn man so schaut auf den Kalender.
Es ist die Zeit der Klimawender.
Ach, wenn der Mensch auch Schlimmes tut –
die Sonne tut mir heute gut.

12.b 11. 2011 JHMzB

"Vom Schicksal gebeugt..."

Dem Tunwort* wird was angetan,
was jeder sonst nur tadeln kann:
Seit Gen'rationen ist bezeugt,
dass man es ohne Skrupel beugt!
Selbst Kinder, so berichtet man,
hält man zu dieser Schandtat an
– gelegentlich verklausuliert
(gebeugt nennt man dann konjugiert
und Tunwort wird in Verb versteckt),
doch sei erneut es aufgedeckt:
Die Beuge-Hemmungslosigkeit
ist menschliche Vermessenheit!
Dem Schicksal kann man nicht verwehren,
uns solchermaßen zu beschweren:
Es darf uns beugen, wie es mag,
es beugt beliebig, Tag für Tag.
Doch was erlaubt ist Höh'ren Mächten,
zählt längst noch nicht zu uns'ren Rechten.
"Was du nicht willst, dass man dir tu',
das füg' auch keinem and'ren zu!"
Ich glaub' nicht, dass es einen gibt,
der es – gebeugt zu werden – liebt.
Drum mein Gerechtigkeitsappell:
Verbietet es ganz generell,
was wir bisher, ganz inhuman,
den Verben haben angetan!
Lasst ungebeugt sie existieren,
wir haben Grund, so zu plädieren!
In diesem Sinn erwart' ich schon
die nächste UNO-Res'lution:
"Was du nicht willst, dass man dir tu',
das füg' auch keinen Verben zu!"

Nach meiner Erinnerung sagten wir früher Tuwort, doch heute heißt es Tunwort.

18. 11. 2011 KHB

Alle Dinge haben Namen,
die sie irgendwann bekamen.
Doch ich kann nicht alle kennen,
weiß oft nicht, was sie benennen.
Ganz besonders am Computer
fühl' ich mich als armes Luder,
weiß nicht, wie das ist gemeint,
was am Bildschirm da erscheint,
eigentlich zur Instruktion. –
Das erschwert das Leben schon.

19. 11. 2011 JHMzB

Karl Heinz aus dem Kreise Soest
gibt sich heute sehr erbost.
Er sieht Grund, erbost zu sein:
Namen werden ihm zur Pein.
An und für sich ist zwar das
gar nicht schlimm im rechten Maß.
Aber hat er sich verirrt,
hat er generalisiert?
Namen sind seit Olim schon
Säulen der Ziv'lisation.
Oftmals wurden sie verteufelt.
Goethe hat sie angezweifelt:
"Schall und Rauch", mit viel Bedacht.
– Faust hat Grete angemacht...
Hatte Gretchen nicht parat
das lateinische Zitat,
wonach nomen omen sei?
Oder war's ihr einerlei?
Grete, sieh: Der Kerl heißt "Faust",
besser, wenn du ihm nicht traust!
Eine Faust nimmt – frag' nicht wie.
Faustrecht war gerecht noch nie!

Gretchen hat das nicht bedacht,
Leid und Tod hat's ihr gebracht!
Doch, trotz allem, Karl Heinz, zählt:
Lass' die Namen in der Welt!
Überdies und ohnehin
liegt der Namen Schutz darin:
Hat man sie eliminiert,
werden sie substituiert.
Dadurch sind sie permanent
schlicht vernichtungsresistent.
Hätte man, Karl Heinz, die Kraft,
dir zu nehmen – beispielhaft –
deinen Namen, rigoros,
wärst du doch nicht namenlos,
denn du wärst, es klingt abstrus,
immerhin "Anonymus"!

22. 11. 2011 JHMzB

Klare Prosa, trüber Reim?

Ja, beim Reimen ist nicht gut,
dass es fordert stets Tribut!
So ist, auch wenn's irritiert,
Missverständnis programmiert!
Legt das beste Wort sich quer,
muss das zweitbeste wohl her.
Darum ist es völlig richtig,
dass man das, was wirklich wichtig,
in normale Prosa gießt,
damit jedem sich erschließt,
was der Autor wollte sagen
(manchmal bleiben trotzdem Fragen...).

Ach, des Deutens wär kein Ende,
wären die Gesetzesbände,
Richtersprüche, Testamente,
Bauvorschriften, die Patente,

alles, was der Christ so glaubt,
und die Bibel überhaupt
und die Sonntagspredigten
und die Fernsehnachrichten
– wäre alles per Dekret,
bis ins Letzte ganz konkret,
nur in Reimform zugelassen,
ach, es wäre kaum zu fassen:
Freude an den Resultaten
hätten nur die Advokaten,
die aus all der Reimerei
undeutlichem Inhaltsbrei
hätten dann herauszulesen,
gegen Honorar und Spesen,
was ursprünglich war gemeint.
Ja, der Reim ist wohl ein Feind
sprachlicher Eindeutigkeit!
Drum sei konzessionsbereit,
wer was mitzuteilen hat:
Gilt das Präzisions-Primat,
wird er es in Prosa kleiden.
Kann er diese wenig leiden
und ist zudem Sprach-Ästhet,
hat der Reim Priorität.

21. 12. 2011 KHB

Hirnforschung

Ich bin vom letzten Traum erwacht,
es ist gerade Mitternacht,
da überkommt mich eine Frage,
heut' in der Nacht, und nicht am Tage:
Was unter meiner Schädeldecke
als Wirklichkeit ich wohl entdecke?
Es führt mein Hirn kein Eigenleben
und ist doch auch nicht preisgegeben

an Zufall oder fremde Mächte
durch all die Tage oder Nächte,
denn was sich abspielt, Gott, willst du!
Im Ja dazu find' ich dann Ruh.

22. 12. 2011 JHMzB

Dein Hirn, Karl Heinz, pfleg' immerzu,
denn was sich abspielt dort, *bist du!*

29. 12. 2011 JHMzB

Mahnung

Seit Tagen frag' ich mich: "Warum
ist denn der Karl plus Heinz so stumm?
Treibt ihn 'ne böse Krankheit um?
Braucht er ein Therapeuticum?
Nimmt er mir meine »Witze« krumm?
Fehlt nur ein Stimulantium?
Liegt es am Weihnachtsgans-Konsum?
Am Glühwein, oder gar am Rum?"
Ich richte meiner Wünsche Zoom
auf dich, Karl Heinz: "Kehr' wiederum
von deinem Schweigemönchetum
zurück an's Mailer-Podium!"
Mein Grabstein, er klärt sonst posthum:
"Er starb am eMail-Vakuum".

29.b 12. 2011 KHB

Drei Tage war ich ausgesperrt
– was an den Nerven hat gezerrt –
vom Internet, das mir vertraut,
so dachte ich, wie meine Haut.

Gar keine Mail kam hier ins Haus
und keine ging ins Land hinaus.
Doch heute kam ein junger Mann
und schloss ans Netz mich wieder an.
So kann ich lesen, was ihr Lieben,
von euren Sorgen habt geschrieben
um mich und um mein Wohlergehen.
Nichts Schlimmes ist mit mir geschehen.
Es kann ein wirklich schönes Reimen
auch in der Sorge kräftig keimen.
Das zeigt doch deutlich dein Gedicht,
doch bitte ich: Besorgt euch nicht.

31. 12. 2011 JHMzB

Jahresrückblickszeit

Das Volk, mit Blick auf die Eliten,
ist gnadenlos: "Sind alle Nieten!"
Ich sage, tendenziell versöhnlich:
"Sind auch nur Menschen, sehr gewöhnlich..."
Die Medien geißeln sehr penibel
die Schwächen der enfants terribles.
Die Kritikaster, auch nicht besser,
sie liefern jeden an das Messer,
der sich am Büffet schlecht benimmt,
die anderen dadurch verstimmt,
dass er, bevor sie's selber taten,
die besten Stücke nahm vom Braten.
Ist es, nur weil man vorne steht,
vereinbar mit "Integrität",
Erreichbares an sich zu nehmen
und sich deswegen nicht zu schämen?
Das Volk ist lieber selber Täter,
braucht dazu nicht die Volks-Vertreter!
Mag sein, man meint, wer vorne dran,
dem steht Bescheidenheit gut an,

der nutze nicht die Gunst der Stunde,
führ' nicht das beste Stück zum Munde!
Ich mein' das auch, und denke doch:
Man "hänge" ihn, doch nicht zu hoch!
Sonst hat's zu tun mit Heuchelei'n –
man wirft zu leicht den ersten Stein.
Die Jahresrückblicke steh'n an,
die Auswahl hat's mir angetan:
Nichts lässt man aus von dem Banalen,
wohl alles muss in die Annalen...!

[Hintergrund: Bundespräsident-Wulff-"Affäre"]

01. 01. 2012 KHB

Zum Jahresrückblick

Es geht mir der Annalen Brei
am Anus besser schnell vorbei,
sonst lande ich, ich weiß nicht wie,
noch selber am *Anus mundi.*
Ich lasse es doch besser sein,
zu werfen mit dem ersten Stein.
Ich wäre ja ganz sicher nicht,
dass er nicht trifft in mein Gesicht,
denn ich auch bin enfant terrible,
das macht mich plötzlich so sensibel.

09. 01. 2012 JHMzB

Zum Leiden am Leiden

»Ich leide unter... « hört man oft
von Menschen, welche »unverhofft«
oder »soweit ich weiß – schon immer«
als Kranke sind im Wartezimmer.

Meist ist's wohl richtig, dieses »Ich«.
Die armen Menschen quälen sich
mit Gicht herum, mit Ischias,
mit Rheumatismus, Knochenfraß,
Migräne, Osteoporose,
mit Husten, gar Tuberkulose
– noch Schlimmeres will ich hier meiden –
die Menschen müssen wirklich leiden!
Doch oft passt's gar nicht, dieses »Ich«,
denn *andre* leiden eigentlich!
Zum Beispiel: Wenn wer hoch dement,
und gar nichts mehr um sich erkennt,
wer leidet dann wohl mehr? Genau:
Nicht er, sondern die Ehefrau!
"Ich leide unter – ja: Demenz..."
– es grenzt fast an Impertinenz
für sie, wenn sie das hören würde,
denn sie trägt doch die größte Bürde.
Es gibt noch manches Leiden mehr,
wo das »Ich leide...« passt nicht sehr.
Alkoholismus fällt mir ein,
beim Rauchen kann es auch so sein.
Für Drogenmissbrauch – fast schon Brauch –
und Fettsucht gilt das leider auch.
Und Altersstarrsinn... – Das soll reichen,
in allen Fällen sollt' man streichen
das »Ich« im »leide unter« -Satz,
»Du« oder »wir« wär' hier am Platz.

Ein Wort für die, die – meist bescheiden –
kollateral am Leiden leiden!

13. 01. 2012 JHMzB

"Jetzt ist Sense!" sagte man
oft, wenn man genug getan.
Heute gibt man sich modern:
"Bin am Limit!" sagt man gern.

Ein Relikt noch von den Alten:
"Sensenmann" blieb uns erhalten.
Hoffen wir, dass er uns bleibe
möglichst lange noch vom Leibe!

22.c 01. 2012 JHMzB

Moritat mit Kontrastprogramm

Stets der Idylle zugetan,
strebt er des Waldes Stille an.
Von Karl plus Heinz ist hier die Rede,
der jede Chance nutzt (ja: jede!),
per Laptop, seinem Weggefährten,
den Waldspaziergang aufzuwerten.
Auch jetzt hat er ihn mitgebracht,
obwohl er derzeit "Zicken macht".
Die Bienen summen überall,
es singt von fern die Nachtigall,
der Specht, er pocht, der Kuckuck ruft,
Karl Heinz genießt des Waldes Duft...
Er hat, auf weiches Moos gebettet,
soeben den PC resettet,
mit träumerisch verklärtem Blick
wagt er erneut den ersten Klick,
und was geschieht, es macht ihn stolz...

– Ein Reh zieht durch das Unterholz,
der Jäger hat es im Visier – ...

Karl Heinz, er bootet mit Pläsier,
im weichen Rhythmus der Natur
bedient er seine Tastatur:
Das Laden klappt ja wie vorher!

– Beim Jäger klappt's bei dem Gewehr –.

Der Buschwindröschen Blütenpracht
hat ihn auf die Idee gebracht
(Karl Heinz, nicht jenen Jägersmann),
dass man sie weiter steigern kann,
soweit man sie im Speicher hat
(und er hat viel davon parat),
indem man den Kontrast erhöht...
Karl Heinz, er gähnt, es ist schon spät...
Er denkt »ich gehe jetzt nach Haus«
und schaltet seinen Laptop aus.

Der Laptop beept, die Büchse knallt...
Karl Heinz war nicht allein im Wald!

Alternatives Schlusskapitel

Es hätte beinah' mich gejuckt
(bin rechtzeitig zurückgezuckt!),
dem armen Laptop eine tolle
– das heißt: dramatischere Rolle
zu geben in dem Waldgeschehen,
ihn aufzuwerten bei den Rehen,
indem, zumindest in dem Falle,
das Reh er rettet vor dem Knalle.
»Wie das?«, so wirst gespannt du fragen,
und damit kommt dein Part zum Tragen:

Du wirst des Jägermanns ansichtig
und deutest seine Absicht richtig
und reißt den Laptop steil empor,
so zwischen Reh und Flintenrohr,
so dass die tödliche Patrone,
gebremst von dessen High-Tech-Zone,
am Ende zwar den Weg noch schafft,
zum Reh, doch gänzlich ohne Kraft!
Das Reh, nicht ahnend die Gefahr,
in der es doch gewesen war,

es schnuppert dran, das junge Tier,
und nimmt sie mit, als Souvenir!

Karl Heinz, auf Ehre und Gewissen:
Man wär' doch hin und her gerissen!
Gesetzt den Fall, man muss entscheiden,
es überlebt nur eins von beiden,
was wär' uns wichtig? Der PC?
Nein, sicher doch das arme Reh?!
– Bill Gates, er ist ab morgen schon
der wilden Rehe Schutzpatron!

23. 01. 2012 KHB

Der Laptop auf dem weichen Moos –
das Bild ist gradezu famos!
Wovon ich träume, weiß ich jetzt,
wenn wieder mal ich nicht vernetzt.
Ich träum, ich lag im weichen Moos
und Täuschung war der Fehler bloß.
Wie tröstlich ist der Wochenstart:
Durch Internet und Wald, gut' Fahrt!

24.b 01. 2012 JHMzB

Euterpe, Muse der Lyrik, hilf!

Karl Heinz: Sein Körper noch im Bette,
sein Geist jedoch ist schon aktiv.
Die Jamben sind noch an der Kette,
trotz Rasselns, während er noch schlief.
Die Zellen scharren mit den Hufen,
die grauen (and're zählen nicht),
er hört nicht mal die Elsbeth rufen
– sie lockt ihn mit dem Leibgericht:

Mit »english breakfast«, Speck und Schinken,
mit allem, was ihn glücklich macht...
Sie könnte auch mit Euros winken
– ihm fehlte was in dieser Nacht:
Er suchte einen Reim zu finden,
doch dieser fiel ihm gar nicht ein,
und das kann Karl Heinz nicht verwinden,
zermartert sich mit Grübelei'n.

Die arme Elsbeth, sorgenschwer,
hängt sich ans Telefon sogleich:
"Herr Doktor, Karl Heinz leidet sehr,
er isst nicht, redet wirres Zeug,
mailt nicht, was er sonst gerne tut,
und hört auch gar nicht mehr auf mich..."

Der Doc: "Ich kenne das recht gut,
weiß aus Erfahrung, das gibt sich!
Das Reim – äh – -Defizit-Syndrom
befällt die lyrisch Tätigen.
Es bleibt kein einziges Symptom
– Sie werden das bestätigen –,
sobald der leidende Patient
den rechten Einfall selber hat,
oder, was man sehr häufig kennt,
ein andrer gibt den rechten Rat.
Ich selber bin doch, gute Frau,
recht häufig ganz verzweifelt,
wenn mir – das passt jetzt ganz genau –
ein Reim partout nicht einfällt..."

So endet Elsbeths Tel'fonat.
Sie geht zu ihrem Mann zurück:
"Da haben wir nun den Salat,
trotz RDS gibt's kein Frühstück,
denn meinerseits: Ich habe Herpes..."
Vom Bett ertönt ein Freudenruf:
"Das reimt sich auf »*der Wink Euterpes*«!
Der Satz, den ich heut' nacht erschuf,

der Satz gefiel mir ungemein,
doch wie ich das Gehirn auch quälte,
es fiel kein Reim mir dazu ein,
das war es, Elsbeth, was mir fehlte!
Doch nun, dank dir, bin ich gesund,
und freue mich auf Speck und Schinken,
und du, trotz Bläschen an dem Mund,
kannst doch ein Gläschen Sekt mittrinken!"

27. 01. 2012 JHMzB

Zahn gegen Zahn

Mein Zahnarzt hat mich sehr traktiert,
nachdem er vorher konstatiert',
dass jener Zahn, der mich so plagt,
vom Zahn der Zeit ward angenagt.
Das heißt: Die Zähne unter sich
sind offenbar nicht pingelig!

27.b 01. 2012 KHB

Glück hab' ich: ich hab' nur einen
Zahn, um den muss ich nicht weinen.
Alles andere im Mund
ist Prothese und gesund.
Dass der Zahn der Zeit genagt
hat bei mir, ist längst vertagt.
Doch bei dir – da wird mir bange –
ist er schmerzhaft noch zugange.
Dass es bleibe dir erträglich,
hoffe ich mit dir alltäglich.
...

28. 01. 2012 JHMzB

Auge um Auge, Zahn um Zahn

Einunddreißig Zahnausfälle
hattest du? Das scheint die Hölle!
All' das ward dir angetan
sozusagen Zahn um Zahn?!
Doch ein Auge zu verlieren,
kann uns nicht so oft passieren...

29. 01. 2012 KHB

Jeden Abend denke ich:
Morgen bessere ich mich.
Doch wenn "morgen" ist verklungen,
merk ich: Es ist nicht gelungen,
und so wiederhole ich
jeden Tag aufs Neue mich.
Komm ich damit auch nicht weit,
ist es doch *Beständigkeit.*
Und auch das ist eine Tugend,
wie ich lernte in der Jugend.

08. 02. 2012 KHB

Es war einst mein Kugelschreiber
doch mein bester Zeitvertreiber.
Kritzeln konnt' ich auf Papier,
das war ein Vergnügen mir.
Und ich konnte Briefe schreiben,
damit mir die Zeit vertreiben.
Doch es ändern sich die Zeiten:
Wenn ich heute will verbreiten,
was sich hinter meiner Stirn
abspielt jetzt in dem Gehirn,
muss ich in die Tasten drücken,
um Empfänger zu beglücken.

10. 02. 2012 JHMzB

Dachte immer, Unkenntnis
deutscher Sprache führt zum is.
Manche schaffen's nicht bis t,
auch beim nich – herrjemineh!
Aber wenn du sicher bis...,
acht' ich künftig auch auf is.
Bis(t) mir guter Kamerad
auf der Sprache schmalem Pfad!

11.b 02. 2012 KHB...

Der deutschen Sprache auf die Spur
kommt ein Pfadfinder wohl nur,
der sich nicht scheut vor schmalem Pfade,
er findet so die Zielgerade.

12. 02. 2012 JHMzB

Pfadfinder fad zu finden traut
sich nur, wer orthographieversaut.
(Ich weiß, dir ist das nicht passiert,
doch sei das hier mal angeführt.)
Ein Pleonasmus, akkurat,
ist sicherlich der "schmale Pfad".
Doch Schluss jetzt mit dem dummen Schmus,
mit ismus, asmus, elmus – SCHLUSS!

20. 02. 2012 JHMzB

Sehen und gesehen werden...?

Viele werden gern gesehen,
aber nur, wenn sie grad schön,
oder reich, oder potent,
mitten drin im Happy End.

Wenn das End nicht happy ist,
sondern ärmlich, grau und trist,
macht statt Freude es Beschwerden,
auch noch angeschaut zu werden.
Der, der unter Brücken wohnt,
blieb' von Blicken gern verschont!
Aber derart eingeschränkt
hast du recht: Der Promi lenkt
gern der Fangemeinde Blicke
auf sein Haupt (mit der Perücke),
auf den Busen (Silikon),
auf die Zähne (dritte schon),
auf die Lippen (Botox-prall),
auf den Po (war auch ein Fall
für die Schönheitschirurgie),
auf das Kleid (zeigt mehr als Knie)...
Für die Leute, die da gaffen,
macht man gerne sich zum Affen,
gibt der Menge sich zum Fraß,
ja, so wirkt die Vanitas!
Sicher sind wir einig heute:
Lieber sind uns "kleine Leute"!

20.b 02. 2012 KHB

Fernsehen aktuell

Ich hab' das Fernseh'n nicht geschwänzt
an den vergang'nen Tagen,
ich hab' dabei für mich ergänzt,
was ich dazu könnt' sagen:
Es will der Mensch gesehen werden,
und er will andre Leute seh'n,
darum läuft er maskiert auf Erden
und hofft, das findet jeder schön.
Und in Berlin zur Berlinale
auf rotem Teppich, wie markant,

da zeigen sie sich zum Finale,
die uns von Filmen sind bekannt.
Sehen und gesehen werden
ist der Menschen Glück auf Erden.

Nicht-sein

Ich sage es jetzt auch sogleich:
Ich bin in dieser Welt nicht reich.
Ich sage es auch unverblümt:
Ich bin nicht in der Welt berühmt.
Ich sage auch, und ganz andächtig:
Ich bin in dieser Welt nicht mächtig.
So bin ich auch in diesem Land
den meisten Menschen unbekannt.
So blieb im Leben mir erspart
die Öffentlichkeit aller Art.
Ich konnt', was mir recht gut auch tat,
mein Leben leben ganz privat.
Es ist das Glück nicht in Potenz
zu leben in der Prominenz...

20.c 02. 2012 KHB

Ich muss nicht ängstlich es vermeiden,
für irgendwas mich zu entscheiden.
Was ich auch zu entscheiden habe,
es fordert keine Gegengabe.
Ich bin also nicht tendenziell
schon vorgeprägt als kommerziell
und bin deshalb auch käuflich nicht
und komm' nicht dafür vor Gericht.

[Hintergrund: Schleichwerbungs-"Affären"]

20.d 02. 2012 JHMzB

Na... – war die Erwähnung des Wortes Linsengericht in früheren Predigten nicht von Bonduelle gesponsert?

24. 02. 2012 KHB

Ich lasse mich ins Wasser sinken,
doch ohne Angst, drin zu ertrinken,
denn wird der Körper auch im Wasser,
je tiefer er, so immer nasser.
...

25. 02. 2012 JHMzB

Das Eine lern' ich jedenfalls:
Dir steht das Wasser bis zum Hals
– gelegentlich – von dir forciert,
per Wasserhahn fein reguliert.
Vergiss bei deinem Plantschen nicht:
Du reduzierst auch dein Gewicht,
dank archimedischem Befund,
doch nicht deshalb bist du gesund,
denn kaum bist du dem Bad entstiegen,
steigst auf die Waage, dich zu wiegen,
bleibt "Heureka" im Hals dir stecken...
– das Baden nutzt wohl andern Zwecken,
beim Leichter-Werden, tut mir Leid,
da fehlt die Dauerhaftigkeit!
Beim neuerlichen Ausprobieren
lass' dich auf keinen Fall verführen,
gewisse Grenzen nicht zu sehen:
Du darfst den Wasserstand erhöhen,
doch ganz zuletzt gib sorgsam Acht,
erhöhe dann nur mit Bedacht!

Das Wasser, nach der letzten Rippe,
erreicht jetzt schnell die Unterlippe...
Jetzt muss der Hahn geschlossen werden!
(Man braucht dich noch auf dieser Erden!)

04. 03. 2012 JHMzB

Den Überfluss, ich hab' ihn über,
der Unterfluss wär' mir fast lieber!
Die Völlerei bleib' indiziert,
die Leererei werd' eingeführt!

05.b 03. 2012 JHMzB

Fehl-Leistung

Das Präfix »ver« tut uns meist kund,
dass das, was folgt, läuft nicht ganz rund.
So spricht, wenn jemand sich ver-spricht,
er leider das Gewollte nicht.
Und wenn man sagt »Wer schreibt, der bleibt«,
so gilt für den, der's übertreibt,
als Schüler, nämlich mit Ver-schreiben,
dann kann er leicht mal sitzenbleiben!
Ein Banker darf gern spekulieren,
wenn seine Bank kann profitieren,
doch wenn er sich ver-spekuliert,
kann's sein, dass er den Job verliert.
Freud hatte seine Freude dran,
an dem, was man ver-masseln kann:
Fehlleistung war das Zauberwort,
es lebt seit ihm bis heute fort.
Doch lässt es mich partout nicht ruh'n,
wenn's gar nicht passt mit dem Ver-tun
als Deutung für die Silbe ver:
Ob wirklich Ehemann ich wär',

seit über 50 Jahr'n vermählt,
wenn mich der Zweifel hätt' gequält,
ob denn ver-heiratet zu sein
was Schlimmes sei? Die Antwort: Nein!
Manch frommer Mann hat es bejaht,
und fand wohl so zum Zölibat!

05.c 03. 2012 KHB

Die Frage hab' *ich* nicht bejaht
und fand drum nicht zum Zölibat.
Wir vier, von Zweifeln nicht gequält,
sind nun so lange schon vermählt.
Wir können es auch frei erzählen:
Das "ver" gibt in dem Wort "vermählen"
nicht zur Besorgnis einen Grund:
Es läuft im Ganzen doch schön rund.

09. 03. 2012 JHMzB

Wenn ich danieder lieg' und röchel',
denk' ich sofort an den Herrn Köchel!
Auf ihn gäb's nämlich keinen Reim,
gäb's nicht den Rachen voller Schleim.
So hat Erkältung auch was Gutes!
– Ansonsten bin ich guten Mutes.

18. 03. 2012 JHMzB

Der Köchel, Ludwig, machte das,
was Eltern tun, meist ohne Spaß:
Er machte Ordnung, räumte auf,
was and're schichteten zuhauf.
Und schließlich nummerierte er
sogar, was Mozart, weit vorher,

bevor er viel zu früh verblich,
so alles schuf. – So vorbildlich
wünsch' ich mir die, die nach mir kommen,
sie sollten, was sie übernommen,
das Chaos, das man "Nachlass" heißt
und meist gleich in die Tonne schmeißt,
sie sollten sich dazu bequemen,
es kurz mal in die Hand zu nehmen,
um dann, in wirklich selt'nen Fällen,
dies oder das zurückzustellen
– vielleicht ist etwas doch dabei,
das des Aufhebens würdig sei.
So bliebe mir, für kurze Zeit,
ein Hauch von Unvergänglichkeit.

09. 04. 2012 KHB

Ich habe heute warm gebadet
und das hat mir auch nicht geschadet.
Im Gegenteil, es tat mir gut,
erwärmte mich bis in das Blut,
das nun, wie es sich grad erweist,
ganz ruhig durch den Körper kreist.

10. 04 2012 JHMzB

Solch Botschaft nenn' ich wirklich gut:
Es läuft im Kreis herum, dein Blut!
Es sei mit Nachdruck ihm verbeten,
nur auf der Stelle schlicht zu treten!

14. 04. 2012 JHMzB

*[TEXTE aus einer PowerPoint-Präsentation,
KHB am 14.04.2012 geschickt.]*

Nicht alles, was ich hab' gesät,
hab' ich auch blühen sehn,
doch was ich sah – manchmal erst spät –,
das blühte wunderschön.

*Der Verfasser dieser wunderschönen Zeilen wird
heute 89 Jahre alt. WIR GRATULIEREN!*

Bild 1. Das Kind im Inkubator,
man sagt: Ist winzig, aber macht sich!
Bild 2. Karl Heinz geht am Rollator,
man sagt: Sehr fit für Neunundachtzig!!

Dass ihn die Fitness nicht verlasse,
die ihn doch mindest geistig ziert,
dass er noch manchen Reim verfasse,
das ist ein Wunsch, der ihm gebührt!
Man findet Freunde eher selten,
und oft hält's auch nicht lange vor.
Für uns kann das mitnichten gelten,
da sind wir beide doch d'accord?!
Man muss uns "alte Freunde" nennen,
das gilt in doppelter Hinsicht.
Als "Alte" lernten wir uns kennen
und wurden jünger seitdem nicht...
Zehn Jahre bringt sie auf die Waage,
die Freundschaft von KH und Jobst.
Du stellst sie ernsthaft nicht in Frage,
auch wenn du sie mal nagelprobst!
Karl Heinz, denk' dankbar stets daran,
dass du mit Elsbeth bist beweibt!
Sie hat sehr viel für dich getan
– dass ihr nur schön "im Rahmen" bleibt!

Die Freundschaft, internetbasiert,
sie zeigt doch immer noch nicht Falten,
da sie lymailverifiziert,
wird sie noch viele Jahre halten!
Das Wort veredeln durch den Reim,
das scheint Maxime uns zu sein:
Ob großes Denken, simpler Seim
– in Prosa nur? Nicht zu verzeih'n!
Doch ist es nicht das Reimen nur,
das uns verbindet, Karl plus Heinz:
Es legt der Reim nur eine Spur
zu Resultaten deines Seins.
Das Keltern deiner grauen Zellen
hat manch' Cuvée Première erbracht,
so dass mein Hirn in vielen Fällen
versagte bei des Trankes Macht...
Als Reaktion hab' ich – kein Wunder –
so manchen Unsinn ausgespie'n.
Und du hast dann den ganzen Plunder
ertragen und wohl auch verzieh'n.
So warst du mir so lange Zeit
der gute Geist, der nie verneint!
Ich hoff' mit Unbescheidenheit:
Du bleibst noch lange guter Freund!
Wir hoffen, dass du dieses Fest
in angenehmster Art vertobst!
Nun grüße den Familien-"Rest"
von erstens: Sigrid, zweitens: Jobst.

17.b 04. 2012 JHMzB

Wie schön, dass alles angekommen,
das haben wir sehr gern vernommen!
Und aus der Antwort schließen wir:
Es macht dir nach wie vor Pläsier,
nicht nur zu leben, auch zu dichten.
Was sollten wir auch sonst verrichten,

im hohen Alter als Senioren?
Am Strande in der Sonne schmoren?
Im Wald im Kreise nordic laufen?
An einer Theke uns besaufen?
Nach China oder Indien reisen?
Als Bodybuilder uns beweisen?
Ach nein, lass' uns zu Hause bleiben
und "redlich nähren uns" betreiben,
weil das uns Alten wohl entspricht,
vom Dichten abgeseh'n: VERZICHT!

18.b 04. 2012 JHMzB

Leben *nur* hat zweifellos
etwas von den Tieren bloß:
Wenn wir's darauf reduzieren,
nennt man es ja VegeTIEREN.
Damit ist die Szene frei
für erneute Blödelei!

25. 04. 2012 JHMzB

Hoffe, dass das Übernachten
gab Karl Heinz viel neue Kraft!
Bleibt jetzt freudig zu erwachten*,
dass Karl Heinz den Tag auch schafft!

*gar nicht unvornehme Aussprache von erwarten.

25.b 04. 2012 KHB

Da ich nichts hab' ausgefressen,
war es doch unangemessen,
dass ich in der Haft gesessen,
wo ich wenig hab' gegessen.
...

Ach das ist doch nur gesponnen,
wie ein Albtraum schnell zerronnen.
Ja es ist doch wirklich schön,
dass dies wirklich nicht gescheh'n.
Dieses sei euch heut' gesendet,
eh' die Woche alsbald endet.

26. 04. 2012 JHMzB

Wenn es auch gesponnen ward,
war es doch von feinster Art!
Für dich gilt: Du bist der Mann,
der aus Stroh Gold spinnen kann,
wie's im Märchen einst gescheh'n.
Ach es wäre doch zu schön,
wenn du meinen Kopfinhalt
solchermaßen, möglichst bald,
wandelst zu dem Schwermetall!
Damit wär' auf jeden Fall
ich nicht nur im Kopf beschwert:
auch im Erbfall etwas wert!

28.b 04. 2012 JHMzB

Der Schöpfergott, mit viel Humor,
nahm sich am siebten Tage vor,
derweil er eigentlich schon ruhte:
"Ich tu' dem Menschen was zugute:
Als Krönung meiner Schöpferei
schaff' ich ein Überraschungsei!
Wenn er es aufzumachen weiß,
winkt ihm als Lohn für seinen Fleiß
'ne Riesenmenge Energie!
Er wird sie brauchen, irgendwie.
Ich mache sie auch gänzlich frei
vom Klimakiller CO_2.

Er wird es sehr zu schätzen wissen,
wenn anderes ist fast verschlissen,
was Wärme brachte und auch Strom.
Das Wunder-Ei sei das Atom!"
Viel Zeit ging seitdem in das Land,
bis jemand die Methode fand,
das Ei zu öffnen – es gelang!
Bekam Gott jetzt ein "Gott sei Dank"?
Von wegen! Wegen mancher Panne
schlug man das Ei schlicht in die Pfanne!

03. 05. 2012 JHMzB

Nach einem schauerlichen Fernsehbericht über "abgeschobene" GreisInnen habe ich Absonderliches abgesondert, das ich (getreu v. Platens: "Abgründe liegen im Gemüte, die tiefer als die Hölle sind.") mich wiederzugeben traue:

Alter-nativen

Die Alten einfach abzuschieben,
ist Gnade, ähnlich Amnestie:
Ist besser, als jung abgetrieben...?
So ganz genau weiß man das nie!

20. 05. 2012 JHMzB

Wort am Sonntag

Tunlichst soll man sich beschränken
im normalen Alltagsdenken
auf halbwegs Kapiertes.
Sonntags darf man dann und wann
auch an nicht Verstand'nes ran,
sonntags, ja, dann ziert es!

[vom Urlaub am Bodensee]

Traum im Dunstkreis der Alpen

Vom Bodensee die Fischerin,
die schöne Maid, sie ist wohl "hin",
sie blieb trotz lautesten Juchhees
am tiefen Grund des Bodensees!
Doch kam nach der Juchheeerei
an ihrer Statt die Polizei.
Sie fragte, frei von Etikette,
ob ich sie noch beisammen hätte.
Von solcherlei Diktion gestört,
nannt' ich die Frage unerhört,
und wollte meinerseits jetzt wissen,
ob diese dummen Polizissen
(so sprach ich, denn vom vielen Wein
war meine Sprache nicht ganz rein…) ,
ob also diese Polizüsten
vom Bodensee-Liedgut nichts wüssten.
"Ihr Bildungsnotstand" – ja, so sprach ich –
"macht Ihre Amtsausübung fraglich!"
Ich fand, die "Uniformgesellen",
sie sollten sich die Frage stellen,
ob es nicht Zeit sei, zu probieren,
das "Dämlich-Sein" zu reduzieren
durch Lesen, Schreiben, sogar Dichten,
statt Juchhee-Rufer abzurichten…

Nein, es ließ die Staatsgewalt
mein Gerede gar nicht kalt.
Dämlich Sein und bildungsarm
hat für Schupos keinen Charme.
Als, vom Weingenuss entspannt,
ich auch "Deppen" sie genannt,
und, von Sigrid angefeuert,
nutzte auch das Wort "bescheuert",
ja, da war das Maß wohl voll,
die Beamten zeigten Groll,

nahmen mich in ihre Mitte,
ignorierten Sigrids Bitte,
mich in ihrer "Haft" zu lassen.
Ach, sie konnte es nicht fassen,
dass ich, ihr geliebter Gatte,
der doch nur "verbrochen" hatte,
dass er mal juchheeen wollte,
dass der nun in's Kittchen sollte.
Trotzdem kam ich auf die Schnelle
in die Ausnüchterungszelle.
Das kann nicht mal die Natur:
Darwin einfach mal retour!
Gestern noch hochkompliziert,
heut' zum Einzeller mutiert!

*(Man beachte meinen immerhin wohlbedachten
Wechsel vom Jambus zum Trochäus...)*

31. 05. 2012 KHB

Die Erklärung für die Steuer
– jedes Jahr nicht ganz geheuer –
(Hab' ich alle Unterlagen?
diese Frage kann mich plagen)
ist zur Post nun doch geschafft,
und es wächst mir wieder Kraft.
Doch es sind nicht nur Finanzen,
die mich lassen geistig tanzen,
angestoßen, angeregt
hat mich manches sehr bewegt,
was nicht leicht ist zu erzählen,
darum unterblieb das Mailen.
Meine Kindheit tauchte auf,
deutete den Lebenslauf:
Es gibt nicht nur bei Finanzen,
auch im Leben gibt's Bilanzen,
und die kosten Kraft und Zeit.
– Jetzt bin ich für's Netz bereit.

01. 06. 2012 KHB

Weil ich denke, Komma, dass
es euch macht ein wenig Spaß,
send' ich Lyrik euch ins Haus
und füll' meine Zeit so aus.
Weil ich denke, Komma, dass
überlaufen wird das Fass,
zapfe ich mir schnell ein Bier,
und das lass' ich schmecken mir.
Weil ich denke, Komma, dass
bald es regnet, ich werd' nass,
bleibe ich zuhause brav,
und ich leg' mich hin zum Schlaf.
Weil ich denke, Komma, dass
ich aussehe noch ganz blass,
lege ich mich in die Sonne,
ihre Wärme schafft mir Wonne.
Weil ich denke, Komma, dass
doch dem Hunde nicht zum Fraß
dieser Kuchen sei bestimmt,
ess' ich selbst ihn samt dem Zimt.
Weil ich denke, Komma, dass
– und das sage ich ganz krass –
jeder hat ein Recht zu irren,
lasse ich mich nicht verwirren.
Weil ich denke, Komma, dass
ganz besonders bös' ist Hass,
kann ich nicht das Böse hassen
und will mich versöhnen lassen.
Weil ich denke, Komma, dass
– ja, denk ich denn wirklich was?

Sinn und Unsinn, bunt gemischt,
habe ich jetzt aufgetischt.

01.b 06. 2012 JHMzB

Niemand glaubt mir, Komma, dass
alles Schlimme ich vergaß,
als ich deine Lymail las!
Selten hatt' ich so viel Spaß!

08. 06. 2012 KHB

Erst oder *schon* 65?

Zuvor hat er sich abgehetzt,
dann hat er sich "zur Ruh" gesetzt.
Seitdem lebt er "im Ruhestand".
Das bringt mich fast um den Verstand.
Das habe ich noch nicht gesehen:
Es *setzt* sich jemand, um zu *stehen*.
Vielleicht ich aber missverstand,
und "Stand" hat nichts zu tun mit "stehen",
denn sitzen ist auch ein Zustand,
wie wir an Ab-, An-, Wohlstand sehen.
Und auch wer seinen Einstand gibt,
kann sitzen, wenn es ihm beliebt.

09. 06. 2012 JHMzB

Vom Stehen aus kommt man zum Gehen!
VERgehen folgt drum dem VERstehen?
So scheint's zu sein: Man kumuliert,
was man im Leben hat kapiert,
das heißt, was der Verstand versteht,
wobei dir manches doch entgeht,
und manches als verstanden gilt,
was morgen schon die Tonne füllt.
Das alles also, was beflissen
man angesammelt hat an "Wissen",

man an "Gewissheit" hat erzeugt,
das hat ein Maximum erreicht,
wenn ihm die Physis wird entzogen,
auf einmal ist es dann verflogen!
Wird es zumindest guter Duft?
Ach nein, es wird nur schlechte Luft!
Von alledem ist nichts geblieben,
es sei denn, man hat's aufgeschrieben!
Drum merke: Wenn, wie du, wer schreibt,
der sichert, dass von ihm was bleibt!

17. 06. 2012 JHMzB

Vieles ist so fein gesponnen...

Ach, sie ist so schön und wild,
und dazu auch noch verspielt,
längst hab' ich sie im Visier.
Hat das Gleiche sie mit mir?
Ja, jetzt bin ich überzeugt,
dass die Schöne mich beäugt!
Lockend spreizt sie ihr Gefieder,
schlägt die Augen auf und nieder,
zeigt mir ihre schönen Krallen,
alles, um mir zu gefallen?!

Diese rätselhafte *Taube*
landet jetzt auf Nachbars *Laube,*
stets bedacht, dass ich sie sehe,
stets in meines Standorts Nähe!
Alles ist mir wie ein Traum:
Warum wählt sie nicht den Baum,
nicht den Zaun, nicht die Laterne,
warum Nähe, nicht die Ferne?

Jetzt fliegt sie in Richtung Dach,
– träume ich, bin ich schon wach? –

sie verschmäht den First, die Taube,
landet gurrend auf der *Gaube!*

Was hat dieses Tier im Sinn?
Ich, als Mensch, der ich doch bin,
hab' mit Tauben nichts gemein
(hier gilt nicht: schwerhörig sein!),
fremd ist mir ihr Fühlen, Denken,
sind's Instinkte, die sie lenken,
sind sie Heiden, sind sie Christen,
Altru- oder Ego-isten?
Leben sie in Agnosie?
Gilt das gar für alles Vieh?
Da sie weder sä'n, noch ernten,
wie wir aus der Bibel lernten,
aber dennoch überleben,
weil von oben wird gegeben,
sollten Vögel dankbar sein!

Allerdings – jetzt schränk' ich ein –
pflegen wir zur Sicherheit
immer in der Winterszeit,
wenn das himmlische Hartz IV
darben lässt das Wildgetier
und auch die erwähnten Tauben,
ja, dann pflegen wir zu glauben,
dass zu korrigieren sei
die von-oben-Fütterei!

Was die Obrigkeit entschieden,
stellt nicht immer uns zufrieden.
Nicht als "menschlich" überzeugt
oft, was Göttern richtig deucht!
Reicht den Vögeln das Menü?
Nein! Darum: Wir füttern sie!

Jetzt zurück zu dem Berichte,
zu der Taube, der Geschichte,

wo ich dieses Tier noch sehe
in der Gaube luft'ger Höhe!
Wartend schaut es auf mich nieder,
kratzt am Kopf sich hin und wieder.
Deutlich ist: Die schöne wilde
Taube führt doch was im Schilde!

Sie fliegt jetzt los – nach welchem Plan?
Nun peilt sie unser Auto an,
kommt dort an, die kluge Taube,
setzt sich auf die *Motorhaube!*
Nicht, dass sie sich noch besänne,
flög' auf's Dach, auf die Antenne,
nein: die Haube muss es sein!
Ist das Zufall? Dreimal nein!

Das ist der Taube Intention,
das wird mir klar als Sensation:
Die Taube, der es doch gebricht
an Sprache, weil sie selbst nicht spricht
und unser Sprechen nicht versteht,
die hat die Sache umgedreht!
Sie teilt mir mit, auf ihre Weise
– und die ist weder laut noch leise,
ist ihre Spezialität,
erfordert Sensibilität,
besteht aus Gesten nur und Zeichen,
nur mich kann sie damit erreichen –
sie teilt mir also mit: Seit Wochen
hat sie sich schon den Kopf zerbrochen,
wie sie mir ihre Dankbarkeit
für's Füttern in der Jahreszeit,
in der von oben fast nichts kam,
was manchem Tier das Leben nahm
– wie sie mir diese zeigen kann,
für das, was ich für sie getan.

Und schließlich kam ihr zu Gehör,
dass es vielleicht das Beste wär',

wenn man mir Reim-Ideen gibt,
ich sei in's Reimen fast verliebt.
Und dann war sie nur konsequent
bis heute zu dem Happy-End,
sie flog gezielt das alles an,
was ich auf *Taube* reimen kann.
Und so gelang ihr, was bedacht,
sie hat viel Freude mir gemacht!

Zu guter Letzt, als ein Fazit:
Natur teilt dauernd uns was mit!

18. 06. 2012 KHB

Es bereitet mir Verdruss:
Ich bin eine taube Nuss.
Ich hoffe sehr, dass diese Taube
keinem Jäger fällt zum Raube.
Der Taube und euch wohlgesonnen,
sei hiermit zurückgesponnen.

18.b 06. 2012 JHMzB

Locker sitzt bei mir 'ne Schraube,
darum das Gedöns mit "Taube".
Soviel passender wär' "Meise",
reimt sich aber keinerweise,
nicht mit einem Landeplatz.
Dazu taugte wohl der Spatz,
doch ich hab' die Nase voll
vom Gereime! Lebet wohl!

29.b 06. 2012 JHMzB

[Deutschland wurde nicht Fußball-Europa-Meister...]

Wir sind zwar Papst, doch Meister nicht.
Auf beides war ich nie erpicht!
Mir kann der Papst ein Fremder bleiben,
und Fußball sollen and're treiben!
Nur eines find' ich wirklich wichtig:
Das Reimen! Anderes ist nichtig!
Ich hab' die Weisheit nicht vergessen:
was sich nicht reimt, wird aufgefressen!
Das Wesentliche deines Seins
scheint deine Reimbarkeit, Karl Heinz!

05. 07. 2012 KHB

Die Reporter

Die Promis rufen ihnen zu:
Wir geben jetzt ein Interview!
Sie eilen her mit Mikrophonen,
mit Kameras, es soll sich lohnen,
und hören, was die Promis sagen,
um es dann in die Welt zu tragen.
So werden Menschen ganz gelassen
und unversehens Menschenmassen.

[Entdeckung des Higgs-Teilchens.]

Weiter gedacht:

Ein Promi ist ein Higgs-Boson –
ahnten wir das bisher schon?
Stimmt die Assoziation:
Das Gottesteilchen nannten's schon
Gelehrte, als noch unbekannt
das Teilchen war im ganzen Land.

Von Gottes Gnaden nannten sich
vor langer Zeit, ganz sicherlich,
die damals prominent gewesen
und sich gesonnt in ihrem Wesen.
Was unsre Welt zusammen hält,
ist wissenschaftlich nun erhellt.

05.b 07. 2012 JHMzB

Dem CERN sei wirklich zugestanden,
dass sie, die Forscher, nicht erfanden
den dummen Namen "Gottesteil",
den fanden die Reporter geil
und nutzten ihn, weil von Bosonen
das Volk so viel weiß wie vom Klonen,
genauer: nichts, und das will heißen,
man muss das Volk erst mal besch...,
damit's den Eindruck hat, es konnt's
dank seines Wissenshorizonts
natürlich mühelos erfassen,
was da vom CERN zum Thema Massen
und Kräften wurde rausgefunden,
und da hat man sich kurz gewunden
und fand den Goethe* stets bereit:
"... da stellt ein Wort zur rechten Zeit..."
und hat sich Gottes schnell besonnen,
mit dem das Volk wird schnell gewonnen,
wenn sich's um recht Abstraktes dreht
und es um Unverstand'nes geht,
mit ihm verknüpft hat man, was zählt,
so kam das "Gottesteil" zur Welt.

*... *denn eben, wo Begriffe fehlen, da stellt ein Wort zur rechten Zeit sich ein (Faust).*

09. 07. 2012 JHMzB

Neuzeitliches (Über-) Leben

Meist befreit man vor dem Mahle
die Kartoffel von der Schale.
Häufig wird es sehr gemocht,
wenn sie zudem weichgekocht.
Manchmal wird dazu geraten,
sie in heißem Fett zu braten.
Üppig treibt's der Lebemann:
reibt sie erst und brät sie dann!
– Jeder Mensch mit Mitgefühl
spürt: Es ist kein Kinderspiel,
Mägen derart zu befüllen,
um den Hunger schlicht zu stillen!
Dabei sind in Fachmannskreisen
solcherlei Kartoffelspeisen
– nicht einmal der K-Salat! –
keine wirklich große Tat!

Soll uns Größeres gelingen,
muss man gründlich ihn bezwingen,
jenen inn'ren Schweinehund,
der allein doch ist der Grund,
dass wir alles möglichst meiden
(Möhren schrappen, Zwiebeln schneiden,
Hühner schlachten und dann rupfen,
Knoblauch pressen, Blättchen zupfen,
Fische sauber filetieren,
Kochrezepte memorieren...)
– also nochmals: dass man meidet,
was uns sonst den Tag verleidet,
nämlich, dass man schuften muss
für ein bisschen Essgenuss.

Doch muss man sich eingesteh'n:
Letzterer ist auch ganz schön!
Und so kommt man ins Sinnieren:
Lässt es sich realisieren,
ohne Arbeit gut zu futtern,
wie es früher war bei bei Muttern?
Dolce Vita, sozusagen,
süßes Leben ohne Plagen?

"Das Problem ist doch von gestern"
hör' ich manche Freunde lästern,
"wozu gibt's den »Waldesrand«,
auch der »Freihof« ist bekannt,
und, wenn man's mal eilig hat,
kriegt »Mc'Donalds« auch uns satt."
Also: Die Gastronomie
lässt uns speisen ohne Müh'!
Doch – so schnöde ist die Welt –:
Restaurants, die kosten Geld!

Seit der Mensch das Paradies
kündigungsbedingt verließ,
seit dem Urknatsch also schon
muss der Mensch bei harter Fron
(die ihn Arbeit hassen lehrt)
sehen, wie er sich ernährt.

Leider war im Garten Eden
Gott-sei-Dank sofort für jeden
Wunsch Erfüllung garantiert.
Das hat dann dazu geführt,
dass, genetisch festgeschrieben,
die Verwöhnung ist geblieben:
Lecker essen! Arbeit nein!
(Geld fiel uns erst später ein.)
Neuzeit-Menschen, die bequemen,
kämpfen nun mit Gen-Problemen!

Des Dilemmas Düsternis,
das ererbte Ärgernis,
alles war sofort vergessen:
Werner lud uns ein zum Essen!
Schwager Werner wurde siebzig
(ja, auch seine Jugend gibt sich!).
Also: Werner lud uns ein,
dadurch hatten wir's ganz fein
im »Zum Löwen« (feines Haus!),
da war gestern Saus und Braus!
Kaviar bis Schweinbraten
– ohne, dass wir etwas taten!
Das Dessert war ein Gedicht
– dafür zahlen? Gab es nicht!
Ja, wir lernten: "Zage nicht,
auch im Tunnel wird's mal licht!"

17.b 07. 2012 JHMzB

»Gefährlich ist's, den Leu zu wecken!«
Herr Schiller konnt' noch nicht entdecken,
weil's noch nicht zu entdecken war:
Ganz frei von jeglicher Gefahr
ist es, das wilde Tier, das grimme,
zu wecken nicht kraft eigner Stimme,
und wen'ger noch: gar mit den Händen
des Tieres Schlafen zu beenden,
was alles hieße, dass man da
dem Tiere käme reichlich nah,
was, wenn das Tier es übel nimmt,
von Nachteil wäre, ganz bestimmt...
Zurück: Heut' ist gefahrlos möglich
ich praktiziere es doch täglich),
dass ohne Nähe man das sagt,
was aus der Nähe man nicht wagt,
– ich gebe euch den Ratschlag gerne:
Man mailt es einfach, aus der Ferne!

Es ist dann wurscht, ob es dem Leu
gefällig oder störend sei.
Ein Beispiel: Werd' jetzt endlich wach,
Karl Heinz, sonst gibt es was auf's Dach!

23. 07. 2012 JHMzB

Brauchst Anstoß? Ein Nonsens-Versuch:

E-Hering, Ehe-Ring

Dem Hering ist sein Leben lieb
(man nennt das »Selbsterhaltungstrieb«),
er würde gern, sollt' man ihn fragen,
die Konversion zum Walfisch wagen:
Er fiele unter's Fangverbot
und wäre weniger bedroht.
Doch leider wird er nicht gefragt
und wird erbarmungslos gejagt.
Erst nach dem Tod kommt er zu Ehren,
man wird mit Lob ihn dann verzehren.
Gekocht, gebraten, aufgerollt,
wird ihm Beachtung dann gezollt.
Ob grün, ob braun, ob filetiert,
er wird in jeder Form goutiert.
Nach Bismarck wurde er benannt
und wurde so weltweit bekannt.
Und als Tribut an Email-Zeiten
ist wohl der E*hering* zu deuten...
(Den gab es zwar auch früher schon,
doch auf dem E lag da der Ton!)

24. 07. 2012 KHB

... – Nun zum Anstoß, der nicht abprallte:

Am seid'nen Faden lang es hing,
bis er mit ihr samt Ehering
zum Traualtar dann schließlich ging.

Die E Mail und der E Hering
– der Unterschied ist doch gering.
Bei E Mail klingt das E wie i,
den I Hering aß ich noch nie.

Und Bismarck hab' ich meist vergessen,
wenn Bismarckhering ich gegessen.
So preußisch Hering gar nicht schmeckt.
Wer hat den Namen ausgeheckt?
Hat hinter Bismarck je versteckt
ein Hering sich, der ward entdeckt
vom Fischer, der ihn wollte fangen,
und ist dank Bismarck ihm entgangen?

Begehrt möcht' ich schon gerne sein,
es muss ja nicht der Löwe sein,
der mich zur Nahrung heiß begehrt,
denn solch Begehren wär' verkehrt.

24.b 07. 2012 JHMzB
...
Was wär' die Suppe ohne Salz,
was wär' die Maische ohne Malz,
das Einmaleins ohne die Eins:
DIE LYRIK OHNE DEN KARL HEINZ!

03. 08. 2012 JHMzB

"Igel-Leistung"

Wildtierfütterungsbezüglich
haben wir's hier sehr vergnüglich:
Übern Tag seh'n wir die Meisen,
wie sie von dem Knödel speisen,
den wir ihnen hingehängt
– Körnerfutter, fettgetränkt.
Daran turnen sie herum,
zanken sich (man ahnt, warum),
zanken mehr noch mit den Spatzen,
dabei sind sie satt zum Platzen!
Ach, man sieht, die böse Gier
ist zu eigen auch dem Tier,
doch die Vogelarten beide
sind uns letztlich Augenweide.
In der späten Dämmerung
gibt's noch eine Steigerung:
Wir erhalten dann Besuch
(folgend leck'rer Milch Geruch,
die wir früh genug servieren)
von zwei süßen Stacheltieren.
Knackend kommen sie durchs Grün
– Schnecken können selten flieh'n –,
schlürfen dann, als letzten Gang,
uns'ren Teller blitzeblank.
Ob sie dann, mit schweren Lidern,
unser "Gute Nacht" erwidern,
wenn sie schnaufend sich entfernen?
– Ja, wir sollten Iglisch lernen!

04. 08. 2012 KHB

Ja ich war schon mal ein Täter,
als Soldat ein Sanitäter,
brachte in den Lazaretten
Kranken Essen an die Betten,
und was sie noch nahmen ein,
weil es sollte heilsam sein,
und ich habe ihre Wunden
sorgfältig mit Mull verbunden,
hab' Urinflaschen geleert,
wie sich das ja auch gehört.
Ja, auch ich war schon ein Täter,
als Soldat ein Sanitäter...

05. 08. 2012 KHB

Ganz anders

Das ist schön am Sonntagmorgen,
ich mach' mir heut' keine Sorgen,
nicht um Syriens Bürgerkrieg
und nicht sonst um Politik,
um Finanz- und Eurokrisen,
die das Leben uns vermiesen.
Heut' kommt keine Morgenzeitung –
das bedeutet doch Vermeidung
von so manchem Unbehagen,
das ich leid' an and'ren Tagen.

05.b 08. 2012 JHMzB

Besser: Keine Zeitung?

Mindert man vielleicht das Böse,
dadurch, dass man es nicht lese?
Ist das das Rezept der Affen:
Meide Reden, Hören, Gaffen?

Hatten es die Ahnen gut,
ohne uns're Medienflut
– sie erfuhren erst nach Wochen,
dass ein Krieg war ausgebrochen
irgendwo in fernen Ländern.
Ohnehin war nichts zu ändern,
niemand konnte vorhersagen,
ob "die" sich nicht längst vertragen
hatten und sich nichts mehr taten,
wenn man endlich mit Soldaten
und der Besserwisser-Schar
dort vor Ort zur Stelle war...
Unterm Strich mag's besser sein:
Jeder mischt sich nicht gleich ein!

13. 08. 2012 KHB

Als Deutschland noch mein Vaterland
und stramm in Reih' und Glied ich stand,
bereit, jetzt den Befehl zu hören
und unsrem Führer Treu' zu schwören,
da war das eine andre Welt,
in die ich damals war gestellt.
Ich lernte damals huldigen,
ich lernte auch beschuldigen,
denn Menschen wurden streng getrennt,
ob man sie Freund, ob Feinde nennt.
Zugrunde ging mir diese Welt,
in der nur gilt der Freund und Held.

Zur Welt – kann ich bei Jesus lernen –
gehören Fremde und die Fernen,
Verlierer ebenso wie Sieger,
und ich bin auch nicht mehr ein Krieger.
Ich kämpf' nicht mehr, bis ich verblute,
für die Gerechtigkeit, das Gute.
Noch immer ist nicht heil die Welt,
doch sei sie Gott anheimgestellt.

Und mir genügt zu tun, was gut
recht vielen and'ren Menschen tut.
Des Nächsten Recht anzuerkennen,
das möchte' Gerechtigkeit ich nennen.
Und statt vom Frieden laut zu tönen,
möcht' ich mich lieber bald versöhnen.
Ja so verändert sich die Welt,
in die mich Gott hineingestellt.

14.b 08. 2012 JHMzB

Entschieden ist entschieden harmloser als
verschieden!

Die Bedeutung von "verschieden"
ist verschieden sehr, hinieden.
Erstens heißt es "anders" sein
– mehr fällt mir dazu nicht ein.
Zweitens heißt es auch "hinüber".
Anderssein ist mir da lieber...

30. 08. 2012 KHB

Karl Heinz 12 Uhr 50 zu Elsbeth:

Es braucht nicht Worte, um zu sagen,
was ich jetzt tu – du musst nicht fragen.

Was tut Karl Heinz wohl?

30.b 08. 2012 JHMzB

Auflösung – richtig?

"Kann ich mein Taschengeld jetzt haben?
Ich möcht' an einem Bier mich laben!"

30.c 08. 2012 KHB

Nein: Er legt sich hin zur Siesta. Was sonst zu dieser Zeit!

31. 08. 2012 KHB

Noch ein Rätsel: Mittags 12 Uhr fünf. Elsbeth ruft Karl Heinz zum Mittagessen. Was will Karl Heinz noch schnell erledigen, ehe er sich an den Tisch setzt?

31.b 08. 2012 JHMzB

Bevor Karl Heinz sich füllt das Kröpfchen,
muss er vielleicht noch auf das Töpfchen...

Richtig?

01. 09. 2012 KHB

Ja so könnte es auch sein,
außerdem: der Reim ist fein.
Doch die Wirklichkeit hier ist,
dass Karl Heinz das Windows schließt,
den Computer runterfährt
und sich danach erst ernährt.

01. 09. 2012 KHB

Meine Mutter ...

wollte sich nicht meiner schämen,
drum sollt' ich mich "benehmen".
Das hat sie mir eingebläut,
nicht zu meiner puren Freud',

denn so lernte ich zu bangen,
Tadel mir nur einzufangen,
was ja oftmals auch geschah.
Schuld war aber nicht Mama,
schuld war ich, weil ich ihr glaubte,
was die Sicherheit mir raubte.
So war es für lange Zeit,
bis ich endlich mich befreit.
Jetzt kann ich mit Tadel leben –
Altersweisheit ist das eben.

01.b 09. 2012 JHMzB

Uns're Muttis machten eben
das, was wir auch heute leben:
Was als "richtig" uns bekannt,
wird auf Kinder angewandt.
Standards, Zeitgeist – alles fließt,
Heraklit hat stets gegrüßt.
Uns'ren Muttis sei verziehen:
Halbwegs sind wir doch gediehen.

11. 09. 2012 KHB

Den Wecker hab' ich überhört,
die Fliege hat mich so gestört,
und davon bin ich jetzt erwacht.
Vorüber ist nun diese Nacht,
und ich muss immer noch so gähnen
– das muss ich schließlich noch erwähnen.

11.b 09. 2012 JHMzB

Vom Wecker find' ich's *unerhört,*
dass er *genau das* blieb!
Der Fliege, die statt seiner stört,
galt sicherlich dein Hieb.

Dabei hat sie es gut gemeint,
sie stellvertrat den Wecker!
Was sie mit vielen Helfern eint:
Man erntet nur Gemecker!

25. 09. 2012 KHB

Es hat sich der Weg gelohnt,
unser Konto bleibt geschont,
denn es blieb der Kasten leer,
das beruhigt mich doch sehr,
Rechnung, Werbung, nichts war drin,
weshalb ich beruhigt bin...

26. 09. 2012 JHMzB

Ob erwartet oder nicht,
immer tun sie ihre Pflicht,
diese Briefbewahrungskästen,
deshalb ist es auch am besten,
ihnen nicht zu unterstellen,
dass sie doch in allen Fällen
nur das üble Zeug enthielten,
das die Werber in sie spülten,
oder diese Rechnungsschreiber,
böse Kerle, böse Weiber,
die in Wahrheit sind doch leider
allesamt nur Halsabschneider...

Nein – zurück zum "Unterstellen":
Es ist nicht in allen Fällen
so, dass es nur böse Briefe
sind, die in des Kastens Tiefe
schmachten und nun darauf lauern,
dass wir sie, zwar mit Bedauern,
öffnen und sie dann zerreißen,
um sie in den Müll zu schmeißen.

Nein, man sagt, es sei doch so,
dass – wohl irgendwann und -wo –
es mal vorgekommen sei,
dass in diesem Einheitsbrei
böser Briefe und Prospekte
auch Erfreuliches schon steckte:
Feriengrüße von den Kindern,
Amtsbescheide, die verhindern,
dass wir in der Gosse landen,
solches war wohl schon vorhanden,
und man konnte sogar hören,
einer wollte sogar schwören,
es war wirklich zweifelsfrei
auch ein Liebesbrief dabei!

Sichten macht doch häufig Sinn:
Manchmal ist was Gutes drin!

13.b 10. 2012 JHMzB

Sehr oft scheint es nur so zu sein,
dass sich auf Sein nur reimt der Schein!
Wenn man sich nämlich drauf verlässt,
dass – beispielsweise bei der Pest –
die Wirklichkeit nur scheinbar ist,
dann wird man, wörtlich, Realist,
indem und weil es sich erweist,
dass diese Krankheit Krankheit heißt,
weil sie tatsächlich Kranke macht,
was niemand sich nur ausgedacht.
Wie mancher hat gehofft, sie wäre
die Pestilenz – nurmehr Schimäre!

19. 10. 2012 KHB

Mir ist die liebste Körperpflege,
dass ich mich in mein Bett jetzt lege,
da pflege ich auch meinen Geist.
der nicht mehr um Probleme kreist,
wenn ich erst eingeschlafen bin.
So macht Siesta wirklich Sinn.

19.c 10. 2012 JHMzB

Über Sprüche
oder
Die ultimative Wahrheit über Karl Heinz!

"Wer nicht wagt, der nicht gewinnt!"
Diesem Spruch folg' nur besonnen,
denn da gilt ja noch, mein Kind:
"Wie gewonnen, so zerronnen!"
Auch "Wer schläft, der sündigt nicht!"
mag, mein Kind, dich irren machen:
Was im Traum ich angericht',
ist, weiß Freud, oft nicht zum Lachen!

Der Karl Heinz, mein Kind, der glaubt,
dass sein Geist auch siestiert,
nur weil er, Karl Heinz, sein Haupt,
zur Siesta deponiert.
Karl Heinz' Glaube ist zu schlicht,
weil womöglich doch sein Geist,
wenn auch um Probleme nicht,
um wer-weiß-was-andres kreist!

Weil nichts Menschliches ihm fremd
(wie Terenz vor Zeiten sprach),
denk' ich: Auch im Schlafenshemd
ist in ihm der Geist noch wach.

Das bedeutet, dass zumeist
Karl, der Heinz, nicht einfach "träumt",
sondern sein stets wacher Geist
sich noch was *zusammenreimt!*

28. 10. 2012 JHMzB

Sich kümmern ist ein guter Brauch,
und mancher kümmert sich ja auch.
Worum jedoch? Zumeist um sich!
Ist er deswegen *umsich*-tig?

Die Stunde ist doch wenig Zeit,
gemessen an der Ewigkeit.
Ich fühle mich schon recht gekränkt,
wenn man mir solch Geringes "schenkt"!

[Uhren-Umstellung auf Winterzeit]

29. 10. 2012 JHMzB

"Was hat Karl Heinz wohl letzte Nacht
an Reimen zu Papier gebracht?"
Die Frage ist's, die unentwegt
an uns'ren schwachen Nerven sägt,
bis wir, nach Zittern und nach Zagen,
auf diese Frage aller Fragen
die Antwort endlich vor uns haben
in Buch- (genauer: Bildschirm-) Staben,
die wir mit gierig-roten Augen
vom Monitor heruntersaugen,
um mit sich steigernder Verzückung
und unbeschreiblicher Beglückung
(das Wort "Ekstase" will ich meiden)
uns an der Reime Pracht zu weiden,
am edlen Versmaß und Gehalt,
an seiner Sprache Urgewalt...

Berauscht versinkt man im Fauteuil
und wartet auf die nächste Mail!

02.b 11. 2012 KHB

Wird einst von mir übrig bleiben,
was ich jetzt bereit zu schreiben?
Das fragt man so potentiell,
doch es ist existenziell.
Hinter dieser Frage steht :
Alles, was ist, das vergeht,
alles Denken, alles Wissen,
alles Hoffen und Vermissen.
Setzt den Fall, es sei geblieben,
was ich habe aufgeschrieben,
dann könnt, wen es interessiert,
lesen, was mich hat berührt,
lesen, was mich umgetrieben –
ist das wichtig noch geblieben?
Lohnt sich einst noch zu zitieren,
in die Zukunft kolportieren,
was ich von mir hab' gegeben?
Das betraf doch nur mein Leben.
...

04. 11. 2012 JHMzB

Sehen wir doch nicht zuletzt,
was uns täglich vorgesetzt:
Wenn er halbwegs schreiben kann,
glaubt doch heut' fast jedermann,
dass er, statt nur Einheitsbrei,
Denker und auch Dichter sei,
und legt offen, lang und breit,
seine Nur-Durchschnittlichkeit,
und das Publikum soll lesen,
wie "bedeutend" er gewesen!

Dieses in Betracht gezogen
und *dein Œuvre* recht gewogen,
bleibt doch wirklich nur der Schluss:
Es erhalten ist ein Muss!

09. 11. 2012 JHMzB

Gern seh ich als Lesender:
Karl Heinz ist Genesender!
Mit dem Vorteil von zwei Beinen
mag begünstigt ich erscheinen,
doch du bist, denk' stets daran,
sockenmäßig besser dran:
Ist die eine arg entzwei,
kommt die and're an die Reih'!
Oder ist es leider so,
dass du brauchst der Socken zwo,
um den Stumpf zu dekorieren
– weniger, um nicht zu frieren?
Alles weist wohl hierauf hin:
Stumpf-Sinn hat halt doppelt Sinn.

11.c 11. 2012 JHMzB

Am Elften im Elften

Gibt's Besond'res an der Elf,
außer, dass sie kommt vor Zwölf?
Möglich, dass sie heut' bei Teenies
in der Frage des Bikinis
nützlich ist beim Kaufentschluss:
Elf – nicht nötig. Zwölf – ein Muss.
Auch kann sie als Maßstab steh'n,
wenn es geht um's Schlafengeh'n:
Elf (des Abends) – na, das geht.
Zwölf dagegen ist zu spät!

Oder fiel Karl Heinz hier ein
diese Doppel-Elf am Rhein?
Ja, in jener Region
reichen die zwei Elfen schon,
um in Menschen, die sonst dösen,
hektisch Frohsinn auszulösen!

Doch befürchte ich, Karl Heinz:
Von den Ufern jenes Rheins
schwappt zu euch der Frohsinn nicht,
also übt Frohsinn-Verzicht!
Überhaupt soll'n alte Knaben
Freude nur am Reimen haben!

11.d 11. 2012 KHB

Doppel-Elf steht doch für Narren –
kann ich mich da wohl aussparen?
Das gibt's doch nicht nur am Rhein,
das kann auch in Warstein sein.
Frohsinn hin und Frohsinn her,
hier geht's doch um Narrheit mehr.
Die ist, wenn man's recht bedenkt,
nicht nur auf die Elf beschränkt.
ich bin doch das ganze Jahr
immer wieder in Gefahr,
dass der Narrheit ich verfalle.
Doch ich spuck' nicht Gift und Galle
über diesen Tatbestand,
weil ich ihn oft reizvoll fand.
Elfter Elfter, soll man wissen,
hat der Narr ein gut' Gewissen.
Außerdem, was wär'n wir schon
ohne Elf – die der Nation?
Denn wir dürfen mit ihr siegen,
und das nicht in schlimmen Kriegen!

12. 11. 2012 JHMzB

Selbstverständlich hast du Recht:
Selbst als Narr bist du nicht schlecht!
Mein Geschwätz ist ohnehin
stets sehr narreteiaffin.
Diagnostisch heißt das schlicht:
Beide sind wir nicht ganz dicht!

28. 11. 2012 KHB

Folge ich des Zeigers Spur,
darf ich aufstehn, sagt die Uhr,
doch ich frage messerscharf:
Will ich auch, was ich jetzt darf?

29. 11. 2012 JHMzB

Ach, ich sage, ohne Groll:
Gerne tu' ich, was ich *soll,*
denn: Auch nur mit Widerwillen,
müsst ich's schließlich doch erfüllen.
So hab' ich bei aller Plage
doch die bess're Stimmungslage...

01. 12. 2012 KHB

Ach das wollt ich dich noch fragen,
was soll ich dem Doktor sagen,
wenn er mich nach dir wird fragen,
...

01.b 12. 2012 JHMzB

Sag dem Doktor, der dich fragt,
dass es dir gar nicht behagt,
wenn er dich an mich erinnert,
sag, dass du mich hältst für spinnert
und für einen Taugenichts,
sag, die Nennung dieses Wichts
habe für dich Kränkungswert
und sei letztlich unerhört!
Ich sei faul und frech und dumm,
kurz: sei ein Emetikum.
Mehr zu sagen, würd' nicht lohnen,
er soll dich mit mir verschonen!

07. 12. 2012 JHMzB

Daniel in der Löwengrube

Der Löwengruben-Daniel,
Der mailte schon – sensationell!
Er schrieb den Löwen: "Werte Herrn,
ihr habt mich wohl zum Fressen gern,
doch wäre es mir durchaus lieb,
wenn es bei Mail-Kontakten blieb'.
Ich schätze zwar Intimität,
doch wenn daraus sogleich entsteht,
was man bei vielen Wesen kennt
und oft als »Fleischeslust« benennt,
was wiederum dann dazu führt,
dass man sich mit dem Maul berührt,
wobei nicht auszuschließen ist,
dass man den and'ren schließlich frisst...
Mir reicht schon solche Vision,
zu bitten, dass man mich verschon'
mit Allzunahbeisammensein,
ich, Danny, bleibe gern allein."

08. 12. 2012 KHB

Der Daniel in der Löwengrube
Der war doch wohl ein kluger Bube,
er hat sich nicht zum Kampf gestellt
den Löwen, er hat nur gemailt.
So hat er die Distanz gewahrt
und sich den Tod per Fraß erspart.

Dass ich nicht reisefähig bin,
das ist der Grund und gibt den Sinn,
dass Mails ich schicke Schicht um Schicht,
um die Distanz geht es da nicht.
So schad', dass ich nur mailen kann,
sonst rückte ich persönlich an.

13. 12. 2012 KHB

Nein, ich schreib' heut' kein Gedicht.
Bin ich drum ein Bösewicht?

13.b 12. 2012 JHMzB

Nein, Karl Heinz, man darf mitnichten
dich zu einem Reim verpflichten!
["Eigentlich auch nicht mitneffen,"
höre ich Banausen kläffen...]
Es ist die Freiwilligkeit,
die den Reimen Glanz verleiht!

29. 12. 2012 KHB

Ich mach' gern Bilanz des Lebens:
Es ist doch nicht ganz vergebens,
dass ich auf der Erde weile,
meine Zeit mit andern teile,

die zu teilen ihre Zeit
auch mit mir sind gern bereit.
Was ist denn schon unser Leben?
Es ist Zeit, die Gott gegeben,
für einander da zu sein,
miteinander – nicht allein.

31. 12. 2012 JHMzB

Hoffen, dass es keinen stört,
dass das Jahr auf dreizehn hört...
Nein, wir wollen voll Vertrauen
auf den Jahreswechsel schauen,
wollen uns ganz sicher sein:
Es wird gut! Dann trifft's auch ein,
denn den Rest erledigt die
self-fulfilling prophecy!

08. 01. 2013 JHMzB

Gar bitt're Tränen goß ich ver-
beim Zwiebelschneiden, kreuz und quer.
(Die Zubereitung von Salaten
erfordert derlei Heldentaten.)
Meist ist der Grund, wenn Tränen fließen,
dass Leid und Kummer uns verdrießen.
Ach, mög' es bei den Tränen bleiben,
die Zwiebeln in die Augen treiben!

18. 01. 2013 KHB

Jugend im Wandel der Zeiten

Keiner wird heut' mehr versohlt,
wenn Kartoffeln er nicht holt
aus dem Keller, wie verlangt.
Keiner mehr vor Prügeln bangt.

Prügel können Jungs erreichen
heute nur von Ihresgleichen.

20. 01. 2013 JHMzB

Ach, Karl Heinz, die Zeit ist schneller,
als du denkst! – Das mit dem Keller
ist zwar dir noch sehr vertraut,
heute aber völlig out!
Zentnerweise Ackersegen
in den Keller sich zu legen,
und Sieglinde noch dazu,
ließ uns früher keine Ruh',
ähnlich war es mit den Kohlen:
Niemand konnte "Kohlen holen",
wenn er nicht beim "Kohlenhändler"
(ausgestorb'ner Mittelständler!)
solche mit Erfolg bestellte
– möglichst vor der großen Kälte.
Drei, vier Zentner pro Person,
reicht da noch des Vaters Lohn?

Nein, im Keller haben heute
reiche und auch arme Leute
Kohlen überhaupt nicht mehr.
An Kartoffeln reichen sehr
ein, zwei Kilo, das genügt,
weil man so leicht neue kriegt.
Einzukellern wäre dumm,
niemand wüsste noch warum...

Steh'n die Keller nunmehr leer?
Nein, das wäre eine Mär,
denn in uns'rem Wesen liegt,
dass die Trägheit immer siegt.
Diese sorgt dafür, dass man
alles das, was irgendwann

irgendwie so zu uns kam,
letztlich in den Keller nahm.
Was gekauft, geerbt, geborgt,
hat man keineswegs entsorgt,
wenn's zu nichts mehr nutze war,
sondern lagert's Jahr um Jahr.
Immer in dem gleichen Trott
häuft man weiter Schrott auf Schrott.

Wird man sich dazu aufraffen,
wird man die Entscheidung schaffen,
anzurufen bei der Stadt,
dass man Sperrmüll "übrig" hat?
Ist man darin unzulänglich,
wird der Keller unzugänglich.
Spätestens zu dieser Zeit,
hoffen wir, wird man gescheit...

Somit haben wir geklärt:
Keller haben doch noch Wert.
Sie sind multifunktionell.
Doch ergänzen wir noch schnell
auf Politiker bezogen:
Die, die ihnen nicht gewogen,
sagen, dass besagte Knaben
Leichen noch im Keller haben!

22. 01. 2013 KHB

Wie der Schwamm saugt Wasser auf,
saugt der Keller auf den Schrott,
und ich nehme das in Kauf,
es ist halt ein alter Trott:
Das, was ich könnt' heut' entsorgen,
könnt mir nützen übermorgen...

23. 01. 2013 JHMzB

Mitleid gilt den Vögelein
draußen, nackt an Fuß und Bein,
frierend in dem Schneegeflocke,
ohne jede warme Socke!
Ob sie wohl vor Neid vergeh'n,
wenn sie uns durch's Fenster seh'n?
Oder ist das Reflektieren
nicht so ausgeprägt bei Tieren?
Dass das Klima wird "gekillt",
finden sie wohl nicht so wild,
schlimmer finden sie wohl "kalt",
– Klima, werde wärmer bald!
Ja, dem Individuum,
nehme bitte man's nicht krumm,
wenn *vorn* das, was es angeht,
auf der Werte-Liste steht!
Das bestimmt für es dann die
Existenzphilosophie.

27. 01. 2013 JHMzB

Die bange Frage: "Ob die Reifen
trotz Straßenglätte richtig greifen?",
die stellt man sich in diesen Tagen.
Auch muss man sich schneeräumend plagen,
doch dabei gilt – ein alter Hut –:
Bewegung tut uns doch ganz gut.
So hört man nun von vielen Leuten:
Der Winter hat auch gute Seiten!
In diesem Punkt – nur dem allein –
möcht' ich dem Winter ähnlich sein!

27.b 01. 2013 KHB

Ich brauch' bei Tisch die Serviette
nicht etwa wegen Étiquette,

vielmehr für die Gravitation:
Die Suppe tropft vom Löffel schon
nicht auf den Teller nur, nein auch
auf meinen vorgewölbten Bauch.
Ja, meine Weste bleibe rein,
die soll mein Markenzeichen sein.
Gibt es wohl außer Tisch-Servietten
auch noch moralische Servietten,
auf dass rein bleibe meine Weste,
und ohne alle "Speisereste"?
Die Weste steht für das Gewissen,
ein saub'res, reines Ruhekissen.
So komm' ich von Gravitation
ganz rasch auf das Gewissen schon.
Ihr werdet es mir nicht verübeln –
darüber kann man doch mal grübeln...

29. 01. 2013 JHMzB

Ist alles schlicht prädestiniert,
was uns im Leben so passiert?
Zieht sich ein roter Faden hin,
egal, wie wir uns auch bemüh'n?
Ist's recht, wenn wir es Schicksal nennen,
was wir partout nicht ändern können?
Hat er dann recht, der Fatalist,
dass nichts durch uns zu ändern ist?
Sagst du, dass Gott die Fäden zieht
und regelt, was mit uns geschieht?
Oder ist es der Zufall nur,
der uns gemacht und die Natur?

29.b 01. 2013 JHMzB

Ob es den Pudel wirklich kränkt,
dass jeder, der den »Faust« kennt, denkt,

auf ihn – den Hund – käm's gar nicht an,
er sei nur Hülle für ... SATAN!
Politikern gilt als modern:
So ist's nicht nur beim Pudel-*Kern,*
es steckt wohl des Mephistos Wesen
auch im Atom – Symbol des Bösen!
Zwar weiß im Grunde jedes Kind,
dass es doch die Atome sind,
aus denen alle Welt besteht
– bestehen wird, bis sie vergeht!
Egal, ob ich dem »Big Bang« traue,
ob ich auf Gottes Schöpfung baue:
Das Endergebnis, für mich klar,
ist durch und durch doch atomar!

03.b 02. 2013 JHMzB

Frühstückliches zum Zwetschen-Gen-Defekt

Das Marmeladen-Etikett
verrät der Früchte Provenienz
– nebst dem, was da noch so an Fett
und Zucker fördert Korpulenz.
Doch das, was mich zum Grübeln bringt,
das ist der Name jener Frucht,
die man gedankenlos verschlingt
und seltener im Duden sucht.
Und das genau hab' ich getan
und wurde fündig ganz zum Schluss,
nach Z und w kam ich heran,
an das, was jeder kennen muss:
Man kann ganz einfach "Zwetschen" sagen,
so sagt mir Duden ungeniert,
doch sollte ich nach "Zwetschgen" fragen,
so wird das nicht als falsch moniert!
Hier geht's nicht nur um einen Deut,
Prinzipien darf man nicht verbiegen!

Bei so viel Unverbindlichkeit,
da kann man ja die Krätz-ge kriegen!
Da werden bald die Spatz-gen zwitsch-gern,
wenn sie in Pfütz-gen plätsch-gern geh'n...
Dass Sprachpuristen sich erhitz-gern,
das ist doch wirklich abzuseh'n!
Um Herzinfarkte zu vermeiden
beim Zwetschen-Urteil des Gerichts,
ist's besser wohl, dass wir entscheiden:
sind Gen-Defekte – weiter nichts!

05. 02. 2013 KHB

Duden hat in Rechtschreibfragen
eine Ausnahme gewährt,
Zwetschen oder Zwetschgen sagen:
beides ist doch nicht verkehrt.
Sonst kennt Duden, das ist wichtig,
kategorisch falsch und richtig,
und so flößt er Furcht mir ein:
Ich mag doch kein Dummkopf sein.
...

09. 02. 2013 JHMzB

Mütterles Rat

[Thema: Rainer Brüderle, der "Sexist"]

"Schwesterle, bei deinem Kleid
geht das Brüderle zu weit!"
Ja, es neigt dazu, beim Schwätzen
Journalisten zu vergrätzen.
Oder sind die nur bereit,
unter'm Siegel Sittsamkeit
sich gehörig zu entrüsten,
weil sie sonst kein Thema wüssten,

das die Talkshow-Einschaltzahlen
und die Stimmung zu den Wahlen
derzeit deutlich fördern kann?
Endlich weiß jetzt jedermann:
Sektempfängliche Journaille
endet oberhalb der Taille,
mehr noch – endet schon am Hals!
Drunter darf man allenfalls
durch geschicktes Dekoll'tieren
Hautbereiche exponieren,
aber es gilt als obszön,
das Gezeigte anzuseh'n.
Steigerung des Unerhörten
ist's, es auch noch zu bewerten!
So sieht's plötzlich diese Zunft
– sonst dabei bei jeder Brunft.
Einmal mehr der Letzte Schrei:
Öffentliche Heuchelei!

11. 02. 2013 JHMzB

[Lang Lang in arte am 10.02.13]

Während Beifallsstürme tosen,
sehen wir den Virtuosen,
wie er schweißbedeckt sich neigt
– vor dem Publikum verbeugt.
Stört was an dem Ritual?
Lang Lang spielte genial!
Prokofjews Klavierkonzert
Nummer drei: ganz unerhört!
Und das Auditorium
saß die ganze Zeit herum,
hörte, nickte, ganz zum Schluss
klatschte es für den Genuss.
Frag' ich nach den Relationen
der geleisteten Aktionen,

sag' ich, dass der *Interpret,*
– wenn's hier ums Verbeugen geht –
besser bleibt ganz *vertikal,*
und das Publikum im Saal
– jedermann und jederfrau –
ehre ihn mit dem Kotau!

11.b 02. 2013 KHB

Frage nach den Relationen
der geleisteten Aktionen;
Ist das denn nur so fatal
für das Publikum im Saal,
wenn Musik daselbst ertönt,
die das Leben uns verschönt?
Im Stadion bleibt Publikum
auch nicht sitzen und nicht stumm.
Was unterscheidet Beifall – Tosen?
Beides ist doch kein Almosen.
Im Stadion sind Spieler Krieger
und der Jubel gilt dem Sieger.
Es bleibt der Spieler in dem Saal
ein Spieler doch in jedem Fall.
Wen bejubelt Publikum,
Sieger, Spieler – ist das dumm?

11.c 02. 2013 JHMzB

Das Tosen war nicht mein Problem...

Ach, mir ging's nur ums Verbeugen,
weiß, es ist dem Künstler eigen,
find' es trotzdem nicht gerecht,
er ist nicht der Hörer Knecht,
sondern eher noch ihr Herr,
kann und leistet sehr viel mehr.

Bleib' drum bei der Theorie:
Grund zur Demut hätten *sie!*

11.d 02. 2013 KHB

Es sind heut' wieder alle da
zum Rosenmontags-Trallala.
Die Welt ist, steht sie auf den Beinen,
ja leider oftmals auch zum Weinen,
doch heute steht sie auf dem Kopf –
fasst die Gelegenheit beim Schopf,
lacht und seid ungeniert ganz heiter,
am Mittwoch geht es ernsthaft weiter.

11.e 02. 2013 JHMzB

Der Rosenmontag spielt verrückt:
Jetzt meldet sich Papst Benedikt
und möchte gerne Rentner sein
– mit 85, ist das fein?
Ja sicher doch! Er trug die Bürde
des hohen Amtes mit viel Würde
und zeigt jetzt menschliches Gesicht
– verweigert ihm den Beifall nicht!

15. 02. 2013 KHB

Ja es ist *backoffensichtlich,*
dass ich nicht mehr ticke richtig,
doch soll ich, um fromm zu fasten,
nicht mehr greifen in die Tasten?
Lieber will ich albern denken,
als das Denken einzuschränken.
Dummes Zeug schützt vor Demenz,
so erwarte ich den Lenz.

Dann, vielleicht, werd' ich vernünftig,
heute ist das noch zukünftig.
Drum nehmt mich, wie ich heut' bin,
ich faste nämlich *mit dem Sinn.*

16. 02. 2013 KHB

Ballade

Auf der grünen Wiese
fragte ich Luise,
ob sie es zuließe,
dass ich mich erschieße
auf der grünen Wiese.
NEIN hat sie gesagt,
und weil ich gefragt,
lebe ich noch heute,
hab' am Leben Freude.
...

17. 02. 2013 JHMzB

Als anerkennenswerte Tat,
Luise, sei dein NEIN *bejaht!*
Ein schönes Beispiel, wo ein Nein
vermeidet dumme Schießerei'n!

24. 02. 2013 JHMzB

Menschenglück?

Dass ich mich mit der Zeit verbrauche,
obwohl ich weder trink' noch rauche,
das ist Natur, das halt' ich aus.
Doch ist mir mehr noch als ein Graus,
dass mir mein Rechner untreu wird,
seit Tagen nicht recht funktioniert,

dass er, wenn überhaupt, nur sagt,
dass er zu schwach ist und betagt.
Die CPU müsst' stärker sein,
sein Arbeitsspeicher nicht so klein...
Versteht ihr, dass ich mich erhitze?
Vor kaum 4 Jahren war er spitze!
Wir Menschen sind meist erst passé
nach 20 Leben des PC!

25. 02. 2013 KHB

Wenn sich geoutet der PC,
dass outgeburnt er jetzt schon sei,
dann tut dir, Jobst, das sicher weh,
das ist das Gelbe nicht vom Ei.
Wie Menschen, so auch die Maschinen,
nicht immer machen gute Minen
zu dem, was sie uns leisten sollen,
was wir von ihnen haben wollen.
...

04. 03. 2013 JHMzB

Geliebt und auch gefressen werden...
Was Liebende so gerne hör'n:
"Ich habe dich zum Fressen gern!",
das gilt als gründlich fehlgedeutet,
wenn du den Liebsten, abgehäutet,
und appetitlich filetiert,
und, nach Geschmack, auch mariniert,
hast zubereitet in der Pfanne –
dann gilt das als Verständnispanne!

Du sagst: "Er hat's doch so gewählt,
hat immerfort davon erzählt,
er habe mich stets heiß geliebt,
was doch im Umkehrschluss ergibt:

Er wird auch selbst gern heiß gemocht
– gebraten oder auch gekocht!
Ich wäre doch wohl falsch beraten,
serviert' ich ihn als kalten Braten!"

Man wird dich vor den Richter schleifen,
der sagt, du müsstest doch begreifen,
Gesagtes wörtlich stets zu nehmen,
gehöre zwar zu den bequemen,
doch selten akzeptablen Dingen,
die Täter ihm zu Ohren bringen...
Sein Urteilsspruch ist darum bitter:
Er schickt dich dauernd hinter Gitter!

Zur Zeit macht "den Verbraucher" böse
ein Teil der chronique scandaleuse,
auf die sie gern verzichten könnten,
die Nahrungsmittelproduzenten:
Man fand in Eiern Dioxine,
in Milch sogar Aflatoxine.
Bei Fleisch – es war schon ziemlich "hin" –
macht' Etikettenschwindel Sinn...
Nicht nur das Gammel-Attribut
– nach BSE – erzeugte Wut
in breiten Konsumentenschichten,
man musste allerlei vernichten,
so endeten die Profiteure
am Ende oft als Bankrotteure
und hoffentlich auch oft genug
im möglichst langen Strafvollzug!

Die letzte all der üblen Taten
war wirklich nicht so leicht zu raten:
Man macht' zwar nicht ein X zum U
– man machte schlicht das Pferd zur Kuh.
Und reichlich viel Gewinn dabei!
In neuer Form: Rosstäuscherei!
Weil Pferde edle Freunde sind,
im Gegensatz zum dummen Rind,

kommt kaum ein Mensch auf die Idee
sie zu verwerten als Filet.
Sie überhaupt zu seh'n als Vieh,
ist manchem fern wie Blasphemie.

Doch gebe ich jetzt zu bedenken
– es mag die Pferdefreunde kränken – :
Kommt doch ein Pferd dir auf den Tisch,
mit einem Ochsen im Gemisch,
veredelt es doch deine Speise
auf quasi artgerechte Weise!
Du meinst sein Wiehern dann zu hör'n:
"Du hattest mich zum Fressen gern!"

05. 03. 2013 KHB

Es kommt als Nahrung auf uns zu
die Kreuzung zwischen Gaul und Kuh.
Doch keinesfalls per Evolution,
entrüsten kann ich mich da schon.
Zum Fressen hab ich gar nicht gerne
die Produzenten und Konzerne,
die Tiere schinden um Gewinn
und Käufer täuschen ohnehin.
Doch leugnen kann ich leider nicht:
Der Hunger hindert am Verzicht.
So esse ich, was angeboten –
auch auf dem Markte gibt es Quoten.
Ich bin, auch wenn es ist fatal,
verwickelt selbst in den Skandal,
wenn ich mich an den Tisch jetzt setze
und hungrig mir die Zähne wetze...

10. 03. 2013 JHMzB

Durch-Rück-Fall

Es ist nur mikroskopisch klein,
doch kam es keineswegs allein,
es kam in großer Übermacht
und hat mich so fast umgebracht.

Ich kannte es noch nicht persönlich,
doch das ist ja nicht ungewöhnlich
bei Gästen, die man nicht gebeten:
Sie pflegen einfach einzutreten.

Vom Noro-Virus rede ich,
es piesackte mich fürchterlich,
es wollt' mir das Gedärm zerreißen,
ich sollte in das Gras wohl beißen!

Doch, bald durchschauend seine Pläne,
zeigt' ich dem Virus doch die Zähne!
Mit letzter Kraft, weil schon rückfällig,
wurd' ich im Krankenhaus vorstellig.

Man fand, nach Prüfung meines Blutes,
an mir sei doch noch etwas Gutes,
die Kosten/Nutzen-Relation
"verkaufe" man der Kasse schon.

Dann wurde ich schlicht nachgefüllt,
mir Wasser in das Blut gespült:
Zwei Liter, das sind wohl vier Humpen,
auch Salz, man ließ sich da nicht lumpen.

Ist das nicht schön? Man ist erkrankt
– und wird ganz einfach nachgetankt!
Die Ärzte schicken meinen Fall,
in Zukunft direkt zu ARAL!

11. 03. 2013 KHB

Vier Humpen Wasser tun recht gut,
spült man mit Salz sie in das Blut.
vier Humpen Bier, das wär zu viel,
man käm' nicht gut an's rechte Ziel.
Bei Flüssigkeit zu unterscheiden
ist gut, will Schaden man vermeiden.

17. 03. 2013 JHMzB

Sinn?

Mancher stellt sich alle Tage
immer wieder diese Frage:
"Hat mein Leben einen Sinn?"
Mir, der ich ein Vater bin,
jedem, der im Eltern-Stand,
ist die Antwort wohl bekannt:
"Das, was ich den Kindern bin,
das ist meines Lebens Sinn!"

06. 04. 2013 JHMzB

Rück-Sicht

Ich stell' mir vor, ich bin nicht mehr,
und and're zieh'n über mich her.
Der Erste sagt: "Wenn man bedenkt,
dass ihm das Leben nichts geschenkt,
dann hat er's doch mit aller Kraft
verhältnismäßig weit geschafft."
Der Zweite wendet heftig ein:
"Ich schätz' ihn weit geringer ein!
Es war meist Frieden seinerzeit,
meist wenig Arbeitslosigkeit.

Zudem war er sein Leben lang
zumeist gesund, nur selten krank.
Wenn allerorts die Chancen reifen,
da braucht man doch nur zuzugreifen.
Für viele seiner Gen'ration
ist peanut-wertig die Million.
Wo überall die Wirtschaft blühte,
da welkte er – er war nur Niete!
Er hat das große Los verpennt,
das, was man Wirtschaftswunder nennt."
Ich find' das alles gar nicht schlecht,
ein bisschen hat wohl jeder recht.
Ich klappe bald die Augen zu
– die haben recht, ich meine Ruh!

14. 04. 2013 JHMzB

Mach dir einen Reim darauf:

Man weiß, das Ziel der wirklich Frommen
ist, in das Himmelreich zu kommen.
Doch hast du Freude uns gemacht
und 90 Jahr' mit uns verbracht!
Wir haben's sorgenvoll gewagt,
im Himmelsbüro nachgefragt,
man möge uns den Zeitraum nennen,
den wir noch mit dir rechnen können.
"Mit Dank im Voraus und mit Grüßen!"
Die Antwort: *"Er muss weiter büßen!"*
Man sagte uns nicht gleich, warum,
doch 100 Jahre Minimum
hast du auf Erden abzusitzen,
ein Einspruch würde da nichts nützen.
Wir fragten, was der Grund denn sei.
"Die hemmungslose Reimerei!"
Uns freut die Art von Richterspruch
und möglichst langer Strafvollzug!

28. 04. 2013 JHMzB

Technologiefolgengardinenpredigt
(nach Gardinenwäsche gehalten)

Erfinder: Euch sei angeraten,
selbst bei den schönsten Resultaten
denkt vor dem Start stets auch daran,
was später noch passieren kann!
Wie oft weckt Neues keine Zweifel,
doch nachher wünscht man es zum Teufel!
An Beispielen gibt es genug,
auf dieses nur nehm' ich Bezug:
Wer die Gardine erstgemacht,
hat offensichtlich nicht bedacht,
dass man das Ding nach Jahresfrist,
weil es inzwischen schmutzig ist,
recht qualvoll demontieren muss,
das Waschen dann schafft nur Verdruss,
und die finale Remontage
bringt Nichtgeübte schnell in Rage!
Hätt' vorher man das abgewogen,
man hätte sie herausgezogen
aus dem Verkehr – bevor sie drin!
Der wirren Rede kurzer Sinn:
Verbietet, lasst erst gar nicht zu,
was heute gilt als großer Clou,
doch morgen oder irgendwann
uns auf die Nerven gehen kann!

01.b 05. 2013 JHMzB

Früher war alles besser!?

Nach der Höhlenmenschen Glück
sehn' ich mich derzeit zurück:
Angetan mit warmem Pelz,
links und rechts solider Fels,

ökologisch holzbefeuert,
nicht mal energiebesteuert,
höchstens mal ein Reh erbeuten,
sonst lag man auf faulen Häuten,
außer Inzucht keine Zucht,
nichts davon galt als verrucht,
war man auch schlicht sittenfrei,
dachte man sich nichts dabei,
weder Tischtuch noch Serviette,
laissez-faire sans étiquette,
man ernährte sich gesund
von der Hand gleich in den Mund
rohkost- und auch ballastreich,
frei von all dem Fastfood-Zeug,
Schmatzen, Rülpsen – kein Problem,
wichtig nur, man lag bequem,
keiner hatte Langeweile,
Kinder spielten mit der Keule,
Vater bastelte ein Beil
und zum Bogen einen Pfeil,
und mit Höhlenmalerei
war die Mama schon dabei,
niemand lag uns in den Ohren,
Besserwisser wie Pastoren,
Lehrer oder Rechtsvertreter,
all dies Kroppzeug kam erst später,
Stromausfälle gab es nicht,
Zebrastreifen, Rechtsfahrpflicht,
Wehrdienst oder Wahltermine,
Linke, Rechte oder Grüne,
niemand kannte Korruption,
Vaters Keule reichte schon,
– wirklich sagt mir mein Gefühl,
dass mir alles das gefiel',
wenn da nicht ein Mangel wär:
fehlender eMail-Verkehr!

04.c 05. 2013 JHMzB

*Die Wut über den verlogenen Politiker
(sorry, Beethoven!)*

All das Blödsinnkonzentrat,
das er auf dem Kasten hat
und uns jeden Tag erneut
in die armen Ohren streut,
all das dient doch wieder mal
nur dazu, uns bis zur Wahl
in dem Glauben einzulullen,
er und ein paar and're Nullen
hätten gar nichts sonst im Blick,
als ein Maximum an Glück
nicht für sich, nein: dich und mich,
und das möglichst ewiglich!

Dabei denkt der Hundesohn
nur an seinen Judaslohn,
nur daran, dass ihm sein Amt
und die Pfründen allesamt
und noch ein paar Boni mehr,
alles millionenschwer,
allezeit erhalten bleibe,
so dass er mit seinem Weibe,
das er auch noch angestellt
und aus Steuern unterhält,
dass er mit der ganzen Sippe
leicht umschiffe jede Klippe,
dass mitnichten ihm passiert,
was uns zum Fiasko wird.
Also: Was treibt ihn wohl um?
Uns're Stimme nur. Punktum!

05. 05. 2013 JHMzB

Kuh-Assoziationen

Kühe sind doch arme Schweine,
Rechte haben sie wohl keine:
Selbst wenn man sie heilig spricht
– weiter östlich, bei uns nicht –
führt das nicht in allen Fällen,
trotz Globalisierungswellen,
auch dazu, sie mehr zu achten.
Hier ist nicht einmal das Schlachten
dieser Tiere ein Skandal,
längst gilt es als ganz normal.

Wollte wirklich jemand wagen,
Herrn McDonald anzuklagen,
Vorteil und Gewinn zu ziehen,
aus dem Tod von armen Kühen?
Nein, denn Fast-Food-Lobbyisten
haben eig'ne Star-Juristen!

Selbst der Nachbar, herzensgut,
denkt, dass er was Gutes tut,
wenn er uns zum Grillen lädt
und dabei ein Kuh-Stück brät!

Es gereicht uns sehr zur Schande,
dass in uns'rem deutschen Lande
man der Kuh noch Schlimm'res tut:
Ich geriet in Zorn und Wut,
als im Supermarkt ich suchend
und die Sucherei verfluchend
ließ mich an der Auskunft seh'n:
"Wo ist *KUH-Milch*, bitteschön?"
Und was sagt die gute Frau?
"Leider weiß ich's nicht genau,
doch soweit ich's sagen kann,
bieten wir nur *H-Milch* an.

Möglich ist, dass schon vor Jahren
man beschloss, das KU zu sparen.
Wissen Sie, seit langem wird
nur noch rationalisiert,
und der Fortfall von Buchstaben
spart bei den Betriebsausgaben
eine ganze Menge ein
– das wird die Begründung sein."

Hilflos und um Fassung ringend
fand ich eine Lösung zwingend:
Mir, der ich vom Lande bin,
kam die Ziege in den Sinn.
Auch die ZIEGEN-Milch gibt Kraft,
ähnlich, wie der Kühe Saft.
Ihre Antwort, kurz und schlicht:
"N-Milch? – Nein, die führ'n wir nicht!"

07. 05. 2013 KHB

Vollkommen hast besungen du,
mein lieber Jobst, die arme Kuh.
Misshandelt wird selbst ihre Milch
von einem dummen Wirtschaftsknilch.
Was ist uns von der Milch geblieben,
wenn kleines h wird groß geschrieben?
Haltbar soll die Rendite bleiben,
ist sie nicht in die Höh zu treiben.
Um Ku hat man Kuhmilch gekürzt,
was mich nicht in Erstaunen stürzt,
denn kürzen kann man heute alles,
nur Boni nicht, die keinesfalles.

08. 05. 2013 JHMzB

Die H-Milch der frommen Denkart
(sorry, Schiller)

Ein hergelauf'ner Wirtschaftsknilch
hat anonymisiert die Milch,
indem der Kuh für ihren Saft
entzieht er die Autorenschaft.
Zurückgestutzt auf nur ein H
ist nun die Kuh schlicht nicht mehr da!
Doch halt – was ihr, der Kuh, genommen,
das Ku, ist keineswegs verkommen,
man findet es an and'rem Ort
in neuer Form, als Kombiwort:
Der *Ku*-bismus wird oft geziert
und affektiert im Mund geführt,
obwohl er – soviel weiß selbst ich,
nach *Kuhbiss* klingt nur zufällig.
Und auf dem *Ku*-damm, weltbekannt,
da hat das Ku der Kuh Bestand.
Der Kuh bedeutet das soviel:
Sie lebt, und ist doch schon Fossil!

12. 05. 2013 JHMzB

Das Thema "Kuh" sei abgegrast,
bevor's auf keine Kuhhaut passt.
Und noch dazu und überhaupt
– mit all dem Viehzeug, das da schnaubt
und wiehert, brüllt und bellt,
egal, ob es uns grad gefällt,
das in die Gegend uriniert
und nach Belieben kopuliert
– mit solch Getier uns zu befassen,
hat kein Niveau, wir sollten's lassen!
Ich denke, dir und mir zu raten,
wir widmen nur dem Top-Primaten,

dem Menschen, höchstens ein Gedicht,
denn dieser macht das alles nicht...

26. 05. 2013 JHMzB

London, 25. Mai 2013

Angeheizt von der Nation
spielt im Wembley-Stadion
Deutschlands Fußball-Prominenz
in interner Konkurrenz.
Allerletzte Spielminute:
Arjen Robben, dieser Gute
– jedenfalls aus Bayerns Sicht,
auch wenn er nicht Bairisch spricht –
Robben also gibt dem Ball
spielentscheidend diesen Drall,
den das Bayernherz genießt,
aber Dortmund sehr verdrießt.
Diese schmerzt's, und jene freut's,
Tränen deshalb beiderseits.
Bayern sieht, wie sie sich lohnen
– vierundzwanzig Millionen –
wenn in bayerischen Landen
sich zu wenig Spieler fanden,
die wohl in der Lage wären,
Bayerns Ruhm noch mehr zu mehren.
Also, nunmehr ist geklärt:
Robben war die Summe wert!
Und: Ein tolles Renommee
hat man heute nicht per se,
es braucht nicht die eig'ne Tat,
sondern Geld, so viel man hat.
Ehre holt man sich durch Geld
– nicht nur auf dem Fußballfeld!

26.d 05. 2013 JHMzB

In ARTE eben wieder Wagner...

200 Jahre Wagner

Wagner hat, ganz ohne Frage,
nicht Geburts-Tag, sondern -Tage.
Massenhaft hört man Konzerte,
die man sonst so oft nicht hörte.
Alles zu des Meisters Ehr',
doch ich tu mit ihm mich schwer:
Manches hör' ich mit Genuss,
and'res, leider, mit Verdruss.
Wenn er fällt in das Pompöse,
denke ich nur an Getöse.
Dann genieße ich die Pausen,
– *Gott schuf eben auch Banausen...*

27.b 05. 2013 KHB

Warum hat Wagner wohl versucht,
sich auszutoben voller Wucht ?
Hat er sich da hinein gesteigert,
weil stilles Glück ihm war verweigert?
Es kann die Stärke auf der Bühne
für Schwäche sein Vergeltung, Sühne.
Das ist zwar Spekulation,
doch könnt' es geben so was schon.
Und andernorts ist es beliebt,
dass Weichei den Hardliner gibt,
oft in der Show der Politik,
davor schreck' immer ich zurück.

29.b 05. 2013 JHMzB

Ich mag mich nicht rasieren!

Ist nicht tägliche Rasur
Sünde wider die Natur?
Hat der Schöpfer unbedacht
Männern einen Bart gemacht?
Müssen wir mit dem nicht leben,
was uns auf den Weg gegeben?
Oh, was bin ich nachdenklich...
– Sigrid sagt, ich drücke mich!
Sigrid nennt das Dekadenz,
mahnt dann auch zur Konsequenz,
sie, die Klügste von uns beiden:
"Und was ist mit Nägelschneiden?..."

30. 05. 2013 KHB

Was besagt ein Stoppelfeld?
Töricht, wer die Frage stellt.
es besagt, da war schon Ernte
und die Ähren man entfernte,
zu vermeiden Hungersnot,
braucht Getreide man zum Brot.
Ist das wider die Natur?
Wer fragt denn so töricht nur?
Hunger reimt im Hintersinn
sich auf Brot doch immerhin.
Was Nahrung zugesteh' ich willig,
ist wohl Bart und Nägeln billig.
Also ist doch die Rasur
auch nicht gegen die Natur.
Offen ist, wird mir bewusst:
Ist Rasur Lust oder Frust?
Theologisch dies besehen:
Gott lässt beides doch geschehen,

er lässt wachsen mir den Bart,
mich rasier'n auf meine Art.
Absurd und logisch: Kippfigur
ist Gottes Schöpfung, die Natur.

02. 06. 2013 JHMzB

Tinnef zum Sabbat

WESHALB, frag' ich mich, weshalb
wird die Kuh aus einem Kalb?
Da sie selbst ein Kalb gebiert,
wird sie also recycliert?
Hier merkt selbst ein Dummerjan,
da ist wieder mal nichts dran!

07.b 06. 2013 JHMzB

Krummes

WARUM, frag' ich mich, warum,
sind nicht nur Bananen krumm?
Hörte, wie ein Mann, in Rage,
schrie zur obersten Etage
– etwas wurde ihm zu bunt – :
"Blöder Kerl!" und "krummer Hund!".
Hier merkt selbst ein Dummerjan:
Ungebildet ist der Mann!
Weil ein Mensch, was jeder kennt,
niemals auf vier Beinen rennt,
also leuchtet jedem ein:
Hund kann so ein Mensch nicht sein!

Überdies und außerdem
macht's der Schimpfer sich bequem,
wenn, auf Kränkung eingestellt,
es ihm einfach so gefällt,

ohne einen Hund zu fragen,
ihm auch *Krummheit* nachzusagen,
wo, das weiß doch jedes Kind,
Hunde stets *gerade* sind,
und ist einer doch mal krumm,
ist er nur ein Unikum,
was auch Menschen treffen kann,
das weiß selbst ein Dummerjan!

Solchermaßen hochempört,
ford're ich, weil's sich gehört,
dass die Euro-Union,
mittels einer Kommission
kläre, welcher Krümmungsgrad
mindest vorzuliegen hat,
nimmt man einfach einen Hund
kränkenwollend in den Mund!
Die Bananen-Kommission
hat dazu Erfahrung schon...

08. 06. 2013 JHMzB

Unternehmensgründung

WIESO, frag ich mich, wieso
find' ich keinen einz'gen Floh,
wenn ich, Flöhekauf im Sinn,
wieder auf dem Flohmarkt bin?
Meilen bin ich schon gelaufen,
um mir Flöhe einzukaufen!
Warum Flöhe? – Ich erklär's:
Freunde sagten, besser wär's,
hinter'm Schreibtisch nur zu sitzen,
statt als Arbeitspferd zu schwitzen.

Also: Unternehmer werden
schafft das Paradies auf Erden!

Statt malochen nur befehlen,
nicht mehr sich für and're quälen,
Sekt und Kaviar statt Bierchen,
Thailand statt Gelsenkirchen!
Nur das Unternehmertum
garantiert dir Geld und Ruhm!

Doch wie soll bei meinen Pfründen
ich ein Unternehmen gründen?
Das Hartz-vier-Normaleinkommen
wird mir per Konsum genommen.
Höchstens, dass für kurze Zeit
Mutti mir 10 Euro leiht...

Ja, da überkam es mich:
Einen Zirkus gründe ich,
und das mit ganz kleinen Tieren,
sozusagen auf Hartz-Vieren,
das wird meine Euros schonen,
Muttis Großmut wird sich lohnen,
ja – für mich auf jeden Fall –
die Idee ist genial!

So, der Anfang war gemacht:
Das Konzept, es war erdacht,
ich war auf der richt'gen Spur,
fehlt' Realisierung nur.
Dieser Punkt schien gar nicht schwer:
Ein paar Flöhe mussten her!
Stichwort "Flohmarkt", schnell gefunden
die Termine, Tage, Stunden,
dann der Frust, er hält noch an:
Flöhe bietet keiner an!

Wenn die Eingangspforte sagt:
"Flohmarkt", dann sei schlicht gefragt,
ob man nicht veräppelt wird,
wenn da keiner so was führt!
In Verbrauchsministers Ohr:
Liegt Verbrauchertäuschung vor?

16. 06. 2013 JHMzB

Wer ist schlechter dran?

WIE, so frage ich mich, wie
unterscheid' ich mich vom Vieh?
Seit wir dank der Gene wissen,
dass wir uns bescheiden müssen
– denn, was uns vom Rindvieh trennt,
liegt bei wenigen Prozent –
seitdem treibt es mich schon um:
Ist es nur das Drumherum?
Deshalb frag ich besser: Wie
kann ich leben gleich dem Vieh?

Solches, scheint mir, kann sich lohnen,
denn des Viehes Konditionen
sind doch häufig attraktiv:
Abgesehen von dem Mief,
der in vielen Ställen ist,
muss man sehen, dass den Mist,
den die lieben Tiere machen,
zu entfernen, zu den Sachen
zählt, die sie nicht selbst verrichten.
Kann ein Mensch das auch berichten?
Nein, dem Menschen sagt man keck:
Deinen Mist mach selber weg!

Nächster Punkt – er sorgt für Streit,
immer wieder, medienweit:
Wie viel Platz muss man uns geben
für ein artgerechtes Leben?
Gerne würd' ich manchen Tieren
einen Meter mehr spendieren,
doch dann seh' ich das Gedränge
in der Fußball-Stadien Enge
oder das im Supermarkt
– Menschen, nah dem Herzinfarkt –,

wo die Kuh, trotz ihres Stalls,
uns beneidet keinesfalls!

Kommen wir zum Punkte "Wert",
wo es kränkend an mir zehrt,
dass ein Rindvieh unbedingt
mehr als tausend Euro bringt,
wo mein Weib für ihren Mann
höchstens gar nichts kriegen kann!
Sogar zahlen müsste sie:
Killer, Doktor, Autopsie,
Predigt, Grab und Leichenschmaus
– es springt nichts dabei heraus!

Noch ein Punkt, am Beispiel Kuh:
Zieht sie sich 'ne Krankheit zu,
wo sie bis zum Exitus
lang und qualvoll leiden muss...
– nein, wo sie nur leiden müsste,
weil doch jeder Bauer wüsste,
dass per Spritze, subkutan,
man ihr Leid beenden kann.

Mach' ich mir den Schluss zu leicht,
dass das fast zur Missgunst reicht?

18. 06. 2013 KHB

Nah beieinander sind doch sie,
die Menschen und das liebe Vieh.
Der Unterschied ist klitzeklein,
so zeigt es doch der Augenschein:
Die Tiere sind nicht – wie ich – dumm,
sie fragen nicht – wie ich – WARUM?

Wenn ich nicht alles muss begreifen
und kann mir das WARUM? verkneifen,

dann wird das Leben doch viel leichter,
und ohne, dass es würde seichter,
und spring ich über diese Hürde,
verlier ich nicht die Menschenwürde,
denn für ein artgerechtes Leben
reicht doch ein Stehplatz, seh' ich eben
– ich denke an das Stadion:
Der Jubel ist des Lebens Lohn.

Und wird das Leben zum Verdruss,
dann sage ich jetzt noch zum Schluss,
dass eine Spritze, subkutan,
die *Schmerzen* uns ersparen kann.

20. 06. 2013 JHMzB

Vorweg an den Pfarrer im Sauerland:

Seh' ich, wie der Reim mich führt,
es mir fast die Kehle schnürt.
Hoffe, dass du kannst verzeihen:
Freundschaft duldet Sticheleien!

Den Weisen aus dem Sauerland...

WANN, so frage ich mich, wann
fängt bei mir die Weisheit an?
Früher galt doch wohl als Regel:
In der Jugend ist man Flegel,
auch danach ist mancher Schnösel
immer noch ein rechter Dösel,
später, in der Mittelzeit,
ist man meistens zwar gescheit
und beruflich sehr agil,
doch zur *Weisheit* fehlt noch viel!
Nein, die selbige ergibt sich,
sagt man, so ab Mitte Siebzig.

Doch wenn das so richtig wär',
wär' die Welt doch sicherer,
wären kollektiv wir klug
– Alte gibt es doch genug!
Nein, da stimmt wohl etwas nicht,
diese Gleichung ist zu schlicht:
"Alt gleich weise". – Seht doch hin:
Unten sieht man Doppelkinn,
oben eine Stirn, die flieht,
Gleiches tut, was man nicht sieht
– hinter ihr –, und obenauf...
Das ist so normaler Lauf
bei der Älterwerderei.
Selten ist mal wer dabei,
der ein Gegenbeispiel ist:
Lehrer, Pfarrer, Atheist
– Leute, die ihr Leben lang
geistig pflegten Müßiggang,
um, als Alte voll im Saft,
voller Überzeugungskraft
dem geneigten Publikum
das, was g'rade sie treibt um,
schlicht als Weisheit zu verkaufen.
Ja, es wär' zum Haareraufen,
wenn da was zu raufen wär',
doch der Haare-Platz ist leer...

Ach, ich habe mir geschworen,
von den Pas- und and'ren Toren
Positives nur zu schreiben
– also lass ich's lieber bleiben!
Oder doch? – Ich sprach von Leuten,
die sich geistig mehrmals häuten,
auch, indem sie, hoch im Alter,
rezitieren oft den Psalter,
was sie früher – möchte wetten –
weit von sich gewiesen hätten.

Stufe das als Weisheit ein,
denn was sollte sonst es sein?
Immerhin: Sie äußern sich,
was doch geistig förderlich,
sei denn, dass es jemand täte,
der *nichts mitzuteilen* hätte.
Reden, nur des Redens willen,
kann doch keinen Anspruch stillen,
es ist einfach widerlich!
Tut es jemand? Nein – *nur ich!*

27. 06. 2013 KHB

Du weißt nicht, wo der Kopf dir steht?
Bedenke, dass noch vieles geht!
Es steht der Kopf doch jedenfalls
am Abend noch auf deinem Hals.
Es ist die Frage doch hingegen,
was für Gedanken dich bewegen.

Die Zweifel, so vermute ich,
belästigen am Abend dich,
ob alles, was du konntest tun,
schon Grund genug ist, auszuruh'n.
Es ist das beste Ruhekissen
auch hier wie sonst ein gut Gewissen.

02.b 07. 2013 JHMzB

Pfarrers Reime, Müllers Vieh
missraten selten oder nie...

05.b 07. 2013 JHMzB

Ach, wenn man doch weise wäre!

Wer morgens schon Champagner schlürft
und sich dann fein in Schale wirft,
um über'n Tag dann Hof zu halten,
ist sicher keiner von uns Alten!

Wir Alten meiden äuß'ren Glanz,
besinnen uns auf die Substanz,
die nicht nur Oberfläche ist,
die mehr noch im Volumen misst.

Was früher galt, war Eloquenz,
war Können, Wissen, Kompetenz,
war alles, was nach außen dringt,
weil's irgendwie Erfolge bringt.

Jetzt schaffen wir's, durch Reflektieren,
durch Grübeln, Brüten, Meditieren,
der hohlen Eitelkeit zu trotzen,
nicht länger pfauenhaft zu protzen.

Gemach, gemach – ich merke schon:
Das ist die Ideal-Version
des edlen, guten, weisen Alten.
Für mich zu schwer, da mitzuhalten...

25. 07. 2013 KHB

*Fabula docet: Wir konstruieren uns nicht nur
Bilder von Wirklichkeit, sondern auch Begriffe.*

Aus handeln wird die Handlung,
verstehen wird Verstand:
Genau aus dieser Wandlung
die Wissenschaft erstand.

Die Wirklichkeit im Griff –
dazu dient der *Begriff.*

26. 07. 2013 JHMzB

*Fabula docet: Nichts ist so gering, dass es
keines Nachdenkens wert wäre...*

Mücken-Drama

Mit Un- davor ist Glück kein Glück
und Miss- verhagelt das Geschick,
mit Ab- riecht Wasser gar nicht fein,
mit Rein- kann Fall ein übler sein.
Das alles war ihr sonst egal,
– jetzt ging's ihr durch den Kopf, final!

Von einer Mücke rede ich,
die eben in der Milch verblich.
In meiner Milch, die in der Tasse
ich gerne etwas kühlen lasse,
nachdem ich sie zu hoch erhitzte,
was streng genommen gar nichts nützte,
weil allzu viel Sterilität
den Wert der Milch doch nicht erhöht...

Doch jetzt zurück zu dem Insekt:
Es hatte längst für sich entdeckt
als ein Getränk der ersten Wahl
die Milch, von der zu einem Mahl
zwei Milligramm ihm reichen können
– die Menge kann man ihm wohl gönnen!

Doch weil Geschöpfen der Natur
die Eigenschaft Temperatur
nicht sonderlich geläufig ist,
zumal man sowieso nicht misst,

aus diesem Grund hat sich die Mücke
im ach so falschen Augenblicke,
von Zweifeln keineswegs geplagt,
an meine Milch herangewagt,
und ohne jedes Probeschlecken
und ohne 's Füßchen reinzustecken,
hat sie im Sprung, bis an die Waden,
versucht, in dem Genuss zu baden.

Wir ahnen schon: Es ging daneben,
die Hitze raubte ihr das Leben!

Juristisch ist noch nachzutragen,
im Vorgriff auf besorgte Fragen:
Es bleibt das kleine Mückentier
trotz seiner zügellosen Gier
ein letztlich unbeschrieb'nes Blatt,
es war nur Mundraub, was es tat.

Ein Vorwurf wird nur mir gemacht:
Ich hätte besser angebracht
ein Hinweisschild am Tassenrand
"Hier hat sich mancher schon verbrannt!"
Bis die Juristen dann erkannten:
Aus Mücken macht nicht Elefanten,
das forderte die Herren sehr.
Und Milch, die mag ich nun nicht mehr!

27. 07. 2013 KHB

Von wegen "nur Gedichtchen"

Ganz formvollendet die Ballade,
und gäb' es die nicht, wär' es schade.
Dass sie in mir was angerührt,
das sei hier folgend angeführt:
Ich habe mir am Tassenrand
schon öfter mal den Mund verbrannt,

was sonst geschieht nur, wenn ich rede,
was gut nicht findet jeder, jede.

Es fehlt mir heute an Humor,
doch kann ich mir nicht stellen vor,
der Rüssel nur vom Elefanten
könnt je in deiner Tasse landen.
Drum bleibt es besser bei der Mücke,
obwohl auch dies hat seine Tücke:
Du trinkst nicht mehr die Tasse leer,
es schmeckt dir deine Milch nicht mehr...

Doch hoffe ich, es kommt die Zeit,
da Milch dich wieder sehr erfreut.
Und bleibt die Milch wohltemperiert,
sie dich zum Warten nicht verführt,
und Mücken ist die Zeit genommen,
in deiner Milch schlicht umzukommen.

27.b 07. 2013 JHMzB

Die Mücke war gut angelegt:
Die Antwort wieder sehr gepflegt!
Stets bringen Freude und Entzücken:
Karl Heinz, die Elsbeth und die Mücken!

31.b 07. 2013 JHMzB

Pfeifen im Wald...

Alles, wonach manche streben,
ist ein möglichst langes Leben.
Andern ist die Länge schnurz:
Schön soll's sein, auch wenn nur kurz.
Das Bedürfnis, zwischen beiden
Positionen zu entscheiden,

hat wohl Unterhaltungswert,
doch, wie die Erfahrung lehrt,
übt man besser den Verzicht:
Mitbestimmung gibt's da nicht!

*[In "meiner letzten Industrie" ("Montanindustrie")
war die Mitbestimmung eine heilige Kuh...]*

02. 08. 2013 KHB

Unermüdlich – ? – Ironie!
Unermüdlich war ich nie,
immer kam nach kurzem Tun
das Bedürfnis, auszuruh'n,
und dem hab ich stattgegeben,
denn so bleibt erträglich Leben.
Mit dem Leben ganz zufrieden,
bin ich, wenn ich darf ermüden.
Darum ich bekennen will:
Müde ist mir Hochgefühl.

Es ist paradox und rüde:
Ich bin *unermüdlich müde*.

04. 08. 2013 KHB

Begegnung am Sonntagmorgen

Es setzte sich ganz zutraulich
auf meinen Arm die Fliege sich.
Sie hat von Menschen nichts gehört,
weiß nicht, dass sie mich jetzt da stört.
Kann ich ihr darum böse sein?
ich denke ganz entschieden: Nein.
Ich will die Fliege jetzt verjagen,
doch ohne ihr was nachzutragen.

04.b 08. 2013 JHMzB

Das, was am meisten mich bedrückt
– von Warstein aus klingt das verrückt –,
das ist, dass im Verzug ich bin
im eMail-Ping-Pong, her und hin!
Ich werde von Karl Heinz verwöhnt
mit feinster Lyrik – ungeschönt!
Doch ich, in Lethargie versunken,
hab' höchstens mal zurückgewunken,
vom Gärtchen aus, wo ich zuweilen,
gemächlich, ohne jedes Eilen,
bemüht bin, immer brav zu gießen,
damit die Blümchen weiter sprießen
und Sigrid täglich sich auf's Neue
an ihrem Anblick sehr erfreue.

Nun fürchte ich, zu Recht beklommen:
Mein Winken ward nicht wahrgenommen
im fernen Warstein. – Man vergisst,
dass sie doch eine Kugel ist,
die Mutter Erde, und das Licht,
das folgt der Kugelkrümmung nicht,
so dass, trotz deines Auges Spähen,
mein Winken wurde nicht gesehen!

Das ist nun meiner Seele Fracht,
dass ich das Krumme nicht bedacht,
wofür sich Jobst besonders schämt,
weil ihm das G'rade eher fremd.
Gedankenlosigkeit wird leicht
zur Bürde, die uns schließlich beugt!

05.b 08. 2013 JHMzB

An den Herrn Pfarrer

Die Schöpfung ist, wie oft besungen,
im Wesentlichen gut gelungen.
Und doch – was dich wohl irritiert –
wird häufig sie auch kritisiert.
Zwar ist man mit sich selbst zufrieden
mit der Erscheinungsform hinieden:
"Wie schön", sagt man recht selbstverliebt,
"wie schön ist's doch, dass es mich gibt!"

Doch über and'res wird gemeckert,
wird mit Kritik nicht nur gekleckert,
da wird genölt und schlecht gemacht:
"Was hat er sich dabei gedacht,
bei all dem Kroppzeug in Berlin
sowie der miesen Nachbarin
– und bei dem Bandwurm und der Zecke,
dem Maulwurf und der Gartenschnecke!"

Der Schöpfer steckt das sicher weg:
"Das dient doch einem höh'ren Zweck,
doch das versteht ihr Deppen nicht,
es hat zu tun mit Gleichgewicht..."
Man kommt an diesen heißen Tagen
ganz leicht auf solche letzte Fragen...

Die gegenwärtige Vermückung
bringt wahrlich keinen in Verzückung,
es sei denn, man ist Masochist
(ich weiß nicht, ob du einer bist...).
Die Mücke hält der Durchschnitts-Nöler
für einen Schöpfungs-Schönheitsfehler!
Und ich, weil ich nicht anders kann,
ich schließe mich der Meinung an!

13. 08. 2013 JHMzB

Dürers "Betende Hände"

Hände können "Händchen halten",
Hände können Kunst gestalten,
Hände können Schädel spalten...
konnten, korrigier'n die Alten:
Als auf Straßen Stiefel knallten,
als Kanonenschüsse hallten,
Hände sich zu Fäusten ballten,
in des Gegners Hals verkrallten
im Orgasmus der Gewalten,
die dem Tod, dem Schrecken galten...
Wissen sie das aufzuhalten,
wenn sie zum Gebet sich falten?

21. 08. 2013 KHB

Am Morgen, auf dem Rand des Bettes

Vor mir stehen meine Beine
– die zwei rechten, die ich meine –
und ich kann mich jetzt entscheiden
für das eine von den beiden.
Die Entscheidung fällt mir schwer,
denn ich schätze beide sehr.
Doch ich kann es nicht vermeiden:
ich muss mich jetzt rasch entscheiden:
Welches Bein will ich anlegen,
um zu gehn auf meinen Wegen.

24. 08. 2013 JHMzB

Deiner Beine-Redundanz
fehlt bei mir die Relevanz:

Ich hab' – keineswegs allein –
nur das Minimal-Gebein,
was für klaren Nachteil steht,
wenn's um's Füßewaschen geht.
Wieder wird es deutlich, leider:
Privilegien schaffen Neider!

29. 08. 2013 JHMzB

Als Radler im Graben

Hoppe hoppe macht der Reiter,
wenn er runterfällt, dann schreit er,
fällt er dabei in den Graben,
fressen ihn, sagt man, die Raben,
fressen selbst das letzte Lot,
daraus wird dann Rabenkot,
der, streng Bio, wirkt als Dung,
ohne die Verzögerung
in der Mensch-wird-Dünger-Kette,
wenn man ihn beerdigt hätte.
Ja, die Reiter sind deswegen
unsereins sehr überlegen!

[Dank Helm wurde ich in vorgenannten Stoff-Wechsel-Vorgang noch nicht eingespeist.]

03. 09. 2013 KHB

Abends, wenn ich müde bin,
lege ich ins Bett mich hin,
morgens, wenn ich müde bin,
bleibe ich im Bett noch drin.
...
Läge ich jetzt noch im Bett,
wär' ich nicht im Internet,

und so kann ich jetzt ergänzen:
Liegen hat für mich auch Grenzen.
Und noch vor dem Mittags-Äsen
könnt ihr diese Mail jetzt lesen.

14. 09. 2013 JHMzB

Herr Caesar wär' einst nicht erdolcht,
hätt' er dein Beispiel schon befolgt:
Des Bettes Rufen in den Ohren,
wär' er, statt zu den Senatoren
zum täglichen Blabla zu rennen,
ins Bett gegangen, um zu pennen.
Wie Karl, der Heinz, vom Bett verführt,
hätt' er noch lange Zeit regiert,
und wäre ähnlich alt geworden
wie jener Karl, der Heinz, im Norden.
Der pfeift auf Iden – die des März –
und lebt vorerst mal hundertwärts!

17. 09. 2013 JHMzB

[Jüngste Meldung: Tokio zum Gastgeber der Olympischen Sommerspiele 2020 gewählt.]

Olympiade modern?

Meist sind sie mir fremd erschienen,
die Olymp'schen Disziplinen,
die wohl vor rund tausend Jahren
bei den Hirten Brauchtum waren,
denen Hunderte von Säulen
Gründe war'n, sich langzuweilen.

Alles wird noch unbeirrt
bei den "Spielen" praktiziert,

weit entfernt von Brauchbarkeit,
von des Alltags Wirklichkeit.

Beispiel *Sprung:* Der Drei-Sprung ist
fortbewegungstechnisch Mist!
Ihn versuchend bist du bald
in der nächsten Heilanstalt!

Das olymp'sche Komitee
ist nicht auf der Neuzeit Höh',
anders ist nicht zu versteh'n,
dass es konnte überseh'n,
dass sich seit der Zeit der Hirten
and're Sprünge etablierten.

Zu modernen Varianten
zählt seit Planck der Sprung der Quanten
– der ist ziemlich elitär!
Von der Sorte populär,
gut bekannt bei Alt und Jung,
nenne ich den Seiten-Sprung.

Hat der Bundestag Probleme,
wie er zur Entscheidung käme,
wird per Hammel-Sprung entschieden,
dauert ewig – zum Ermüden.

Hinter vorgehalt'ner Hand
wird der Ei-Sprung noch genannt...
Jedenfalls ist offensichtlich:
Nutzt man die Optionen richtig,
ist's Olympia unbenommen,
in der Jetztzeit anzukommen.

Ähnlich wie beim Sprung: Der *Lauf.*
Niemand käme heut noch darauf,
einen Staffel-Lauf zu machen,
denn da gibt's modern're Sachen:

Einen Auf-Lauf zieht man vor,
rund ums Brandenburger Tor.
Amok-Lauf? Der ist verrucht,
besser wird er nicht versucht!
Eher soll man Ein-Lauf üben,
meist wird er vom Arzt verschrieben.

Leer-Lauf wird gern praktiziert,
wenn mit Nichtstun kombiniert.
Meist wirst du die Antwort kriegen:
"Lebens-Lauf, das muss genügen!"

Sehen wir als Nummer drei
noch den *Wurf*. – Die Werferei
war dem Griechen, unbeweibt,
etwas, was die Zeit vertreibt,
die doch ohnehin vergeht
– was ein Hirte kaum versteht.
Tempus fugit? Was soll das?
Besser bringt sie vorher Spaß!

Kinder haben dran Vergnügen,
was sie in die Hände kriegen,
wenn sie es nicht gleich zerreißen,
in die Gegend wegzuschmeißen.
Gleichen Spaß daran verspürten,
wie die Kinder, auch die Hirten.
Alles warf man weit umher:
Hammer, Diskus und den Speer.

Coubertin ließ sich verführen,
ohne Aktualisieren
alles wieder zu beleben.
Warum gab's nicht ein Bestreben,
Dinge uns'rer Zeit zu nehmen,
möglichst gleich die unbequemen,
unmodernen, abgenutzten,
die vergilbten und verschmutzten?

Bücher, Handys, Langspielplatten,
Flachbildschirme und Krawatten?

Überhaupt sei kritisiert:
Wurf als Wort ist antiquiert!
Es galt wohl bei Hundedamen,
die mit Welpen niederkamen.
Sonst steht's eher nicht allein:
Vorher kommt Ent-, Maul- und Ein-...

Außerdem kennt man's gesungen:
"Wem der große Wurf gelungen,
eines Freundes Freund zu sein..."
Ja, da stellt sich Rührung ein!

Das olymp'sche Komitee
wird nun sicher, peu à peu,
seine Spiele sehr verjüngen,
also in die Jetztzeit bringen!
Tokio macht alles neu
– gerne halfen wir dabei!

18. 09. 2013 KHB

Tokio zweitausendzwanzig –
ist Olympia dann ranzig?
Da vergänglich ist das Leben,
werd ich das nicht mehr erleben.
Doch *ein* Sprung, olympisch nicht,
hat für mich dann doch Gewicht:
Über meinen Schatten springen –
könnte das mir doch gelingen.
Doch wird das auch fürderhin
kaum olymp'sche Disziplin.
Nie werd' auf dem Treppchen steh'n
ich und von der Welt geseh'n.

22.b 09. 2013 JHMzB

In Singapur, in diesen Stunden,
dreht Vettel seine letzten Runden.
Ganz ähnlich ist es in Berlin,
dort "vettelt" unsre Kanzlerin.
In zwei – drei Stunden ist wohl klar,
wer hinter ihr der "Beste" war.
Und während Vettel triumphiert,
wird hier ganz neu konfiguriert
und wird für Jahre festgelegt,
wer was wohl weiter nicht bewegt.
Ach nein: Genaues weiß man nicht,
die Ruhe ist des Bürgers Pflicht!
Daneben ist ihm völlig frei
das Hoffen und die Warterei!

23. 09. 2013 KHB

Inzwischen ist es endlich klar:
Kanzlerin bleibt, die es schon war.
Wer groß gewinnt, wer klein verliert,
so zeigt es sich ganz ungeniert
– das Wahlergebnis kann's betonen –
es geht Parteien wie Personen.
Und so bleibt alles, wie es ist.
Was reimt sich darauf? Doch nur *Mist!*
Es soll die Wahl uns nicht bekümmern,
das Jammern lassen wir den Dümmern.

27. 09. 2013 JHMzB

Der Politik-Tick fehlt mir wohl
wie auch die Gier nach Alkohol
– dass das so bleibt, das will ich hoffen,
denn beides macht doch nur besoffen.

"Von der Parteien Gunst und Hass ..."
schrieb Schiller, als er brütend saß,
um den Prolog zu formulieren
zum Wallenstein. Nach viel Sinnieren
fand er das Wort, das weiterführt,
es war – mich wundert's nicht – "verwirrt"!

Ich halt mich fern, mit aller Kraft,
von der Parteienmitgliedschaft,
weil sie vor nunmehr 80 Jahr'
oft Pflicht, doch später schädlich war.
So denk' ich mir zwar was zusammen,
doch frei von den Parteiprogrammen!

01. 10. 2013 JHMzB

Wir zahlen für das Älterwerden
mit dem Ertragen von Beschwerden.
Für manchen wird's besonders teuer:
Er zahlt sogar noch Mehrwertsteuer!
Ein Steuervorteil winkt den Frommen:
Sie werden sie zurückbekommen!
Im Umkehrschluss: Geriatrie
verträgt sich nicht mit Häresie!

02. 10. 2013 KHB

Es ist fürwahr Geriatrie
doch keineswegs auch Häresie,
und ganz natürlich dumm zu sein,
bereitet mir auch keine Pein.
Intelligenz nur vorzugaukeln
bedeutet Menschen zu verschaukeln.
Da von Gesinnung ich bin grün,
möcht ich "natürlich dumm" vorziehn.
Und künstlich klug, das ist so dumm
wie künstlich jung fürs Publikum.

Dass ich bei meinem Älterwerden
ertragen muss auch die Beschwerden,
das möchte ich als Preis nicht sehen –
was zahlt' ich einst fürs Wohlergehen,
was zahlt' ich dafür, dass ich jung?
Mir ist nichts in Erinnerung.
Bezahlbar ist halt nicht das Leben
und käuflich nicht – es ist gegeben.
Hinnehmen kann ich es allein
und fröhlich – oder traurig sein.

10. 10. 2013 KHB

Üblich ist es, dass um zehn
ich bereit bin aufzustehn.
Dann sind nicht so lang die Tage
und der Langeweile Plage.
Ich kann nicht mehr so viel tun,
darum kann ich länger ruh'n.
Und so werde – sag ich still –
ganz allmählich ich senil...

23.b 10. 2013 JHMzB

Mens in Corpore

Der *Körper* wird doch allzumeist
recht oft und üppig abgespeist,
und noch dazu, oft bis er wankt,
mit Flüssigkeiten vollgetankt.

Am besten setzt man den Bereich
mit Biorektoren gleich,
die sorgen, dass es fehlt uns nie
an Stoffen und an Energie.

Er ist auch multifunktionell,
beschleunigt uns von Null auf Schnell,
Sensoren hat er überdies,
die trennen "sauer" leicht von "süß",
und "heiß" von "kalt", und "nah" von "fern",
und lassen riechen uns und hör'n.
– Und schließlich merk' ich gerne an,
dass er sich auch *vermehren* kann.

Im Körper oben – beste Lage,
zu Recht ist es die Chefetage –
da wohnt, mit ihm in Symbiose,
das dennoch wohl Materielose:
Das *ICH* -Bewusstsein, unser *Geist*,
die Seele – oder wie man's heißt.

Es macht uns unverwechselbar
zu diesem einen Exemplar
von Siebentausendmillionen,
das zu beachten wird sich lohnen
– das, mindest, hofft doch jedermann,
und strengt sein Leben lang sich an,
um die Beachtung zu verdienen
auf oder vor den großen Bühnen.

Der Geist, obgleich wohl ohne Masse,
er gibt dem Körper doch erst Klasse
– wenn alles stimmt. Wenn nicht, na dann,
dann hat die Schöpfung sich vertan.
Nicht immer gelten sie, die Pläne;
beim Hobeln fallen auch mal Späne!

Es tröstet: Nach der Ablaufzeit
wird jeder Mensch Vergangenheit,
und irgendwann ist längst verklungen,
ob er war gut, ob schlecht gelungen.

So mach' ich mir nicht länger Sorgen:
Wenn's heute bleibt auch nicht verborgen,

es bleibt nicht ewig offenbar,
dass ich ein rechter Missgriff war.

24. 10. 2013 KHB

" – wenn alles stimmt. Wenn nicht, na dann..."
hat sich der Schöpfer *nicht* vertan,
besonders als er dich erschuf,
du hast doch einen guten Ruf.
Nicht alles, was du willst vollbringen,
kann dir auf Erden voll gelingen.
Das sage ich, und dann: "Na und?",
das ist zum Tadel doch kein Grund.

01.b 11. 2013 JHMzB

Edward Snowden, Whistleblower

Sie liebt die Datenschnüffeleien
als wenn die Daten Trüffel seien:
Was bisher war nur Schweinen möglich,
das macht die NSA alltäglich.
Ist sie mit dieser Schweinerei
nun auch bei meinen Mails dabei?

An sich ist mir das recht egal,
denn was ich schreibe, ist banal,
obwohl's doch neuen Wert erhält,
wenn es der NSA gefällt...

Bisher war ich mir da nicht sicher:
Erzeugt es bestenfalls Gekicher,
wird unverstanden angeglotzt,
was ich mir mühsam abgetrotzt?

Dann wird von mir doch sehr begrüßt,
wenn's der Geheimdienst gründlich liest.
Nichts kann für Schreiber schlimmer sein,
als wenn sie keiner liest, "kein Schwein"!

Was es auch gibt an Üblem heute,
es hat meist auch 'ne gute Seite!
Totale Datensicherheit
geht, so gesehen, viel zu weit!

Herr Snowden, derzeit sehr hofiert,
hat das vielleicht noch nicht kapiert...
*Habt, NSA, ihr übersetzt
und seid mit mir zufrieden jetzt?*

02. 11. 2013 KHB

Alle, die so eifrig schnüffeln,
müssen hinterher doch büffeln.
Speichern lässt sich elektronisch,
was ich sage telefonisch,
oder auch als Mail versende –
doch was nützt das denn am Ende?

Wer mich wirklich will belasten,
muss doch lesend sich durchtasten.
Was ich sage im Gedicht,
das begreift der *Speicher* nicht.

Suchet nur, ob ihr könnt finden,
was könnt den Verdacht begründen.
Wer bei mir will machen Beute,
weckt nur meine Schadenfreude.
Und so geht die Schnüffelei
mir a. A. doch vorbei.

02.b 11. 2013 KHB

Stellenanzeige der NSA

Willst du bleiben arbeitslos,
oder stellst du andre bloß?
Wenn du dazu bist bereit,
findest du bei uns Arbeit.
Du kannst Daten zu Millionen
lesen, und das wird sich lohnen.

02.c 11. 2013 JHMzB

An NSA: Verehrte Herrn,
ich hätte diese Stelle gern,
die ich erst kürzlich, unchiffriert,
im Internet fand annonciert.

Ich bin dafür qualifiziert:
Als Kind schon hab' ich spioniert.
Man sagte, dass ich überprüfe
der großen Schwester Liebesbriefe,
auch glänzt' ich in der Schule sehr
als Duschkabinen-Voyeur.

Und als mein Vater, sonst sehr treu,
mit einer Frau verschwand im Heu,
da habe ich ihn ungeniert,
bei meiner Mutter denunziert.

Und als die DDR noch war,
war ich im SSD ein Star.
Sie sehen doch: Ich bin Ihr Mann!
Wann fange ich bei Ihnen an?

10. 11. 2013 JHMzB

Wenigstens das...

Sind's die Unzulänglichkeiten,
die das Menschsein erst bedeuten?
Läge die Vollkommenheit
mit dem Menschsein stets im Streit?

Das ist das, was ich oft dachte,
wenn da einer Fehler machte
in der Fernseh-Meisterschau:
And're wussten's ganz genau,
nur ein Unglücks-Kandidat
brachte ziemlichen Salat,
weil Erlerntes er vergaß.
"Ach, so *menschlich* macht Sie das!"
Hat der Moderator Recht?
Ist, wer Fehler macht, nicht schlecht,
wird er dadurch erst perfekt,
dass er häufig angeeckt?

Mich kann diese Aussicht freu'n,
mindestens doch *Mensch* zu sein.

14. 11. 2013 KHB

Mal so – mal so

Meist gehör ich zu den Frommen,
manchen Tag zwar ausgenommen,
da gehör ich zu den Schlimmen,
über den die Leut' ergrimmen,
denn da bin ich ganz unleidlich,
darum ist es unvermeidlich,
dass die Leut' die Nase rümpfen
und dann über mich auch schimpfen.

Wenn mir das ist nicht bekommen,
kehr zurück ich zu den Frommen,
bis es dann das nächste mal
wieder wird so recht fatal.

16.b 11. 2013 JHMzB

Schlaf-Wandel

Häufig, gegen Mitternacht,
bin ich um den Schlaf gebracht.
Meinem Hirn ist das nur recht,
ihm bekommt das Schlafen schlecht,
ist gewohnt, aktiv zu sein,
schläft darum oft nur zum Schein.
Dies Ensemble grauer Zellen
hilft durchaus in vielen Fällen,
wenn ich in der Klemme bin
– das ist schließlich auch sein Sinn.
Allerdings enttäuscht es mich,
wenn's *tagsüber* eigentlich
voll in Saft und Blüte steht,
soweit es um's Reimen geht!
Da benimmt es sich wie Teer,
zäh und klebrig kommt's daher,
statt in plätschernd leichtem Fließen
sich als Einfall zu ergießen:
Hier ein Stichwort, dort der Reim,
beides eines Verses Keim,
und der Rest kommt fast allein
– ja, so müsste es doch sein.
Doch mein Hirn kennt keine Pflicht,
über'n Tag, da reimt es nicht!
Anders, wie schon angesagt,
anders ist es *in der Nacht:*
Das Gehirn träumt keine Träume,
schlägt statt dessen Purzelbäume,

hat Ideen schier èn masse
und erkennt: Da reimt sich was!
Ist's das Ende der Geschichte,
dass ich alle die Gedichte,
die ich in der Nacht ersann,
nächstentags notieren kann?
NEIN – mein Kopf: ein leeres Fass!
Einzig nur: "Da war doch was?!"
Die Erinnerung bleibt stumm.
Morpheus weiß vielleicht, warum...

18. 11. 2013 KHB

Hast nachts du *das* Gedicht geschrieben?
Falls tags, so ist sie doch geblieben,
der grauen Zellen Regsamkeit,
so denk ich mit Zufriedenheit.
Nimm bitte ernst die grauen Zellen,
die dir doch auch den Tag erhellen.

18.b 11. 2013 JHMzB

Auf den Hund...

Ach, ich fühle ganz beklommen,
ich bin auf den Hund gekommen,
denn die letzten grauen Zellen
weisen nur noch an: "Jetzt bellen!"
And'res geben sie nicht her,
dieser Zustand quält mich sehr!
Auf der Suche nach den Gründen
sehe ich auf mein Befinden
und erkenn' mit letzter Kraft
ringsherum nur Hustensaft.
Und die letzte Spur Verstand
– mit Erfahrung Hand in Hand –

nennt mir nun des Bellens Grund:
Husten ist's, und nichts mit Hund!
Trau nicht jeder Hypothese,
insbesond're, wenn sie böse,
sondern denk noch einmal nach,
warte bis zum nächsten Tag,
oft siehst du bei and'rem Licht:
Ganz so schlimm ist es doch nicht!

22.b 11. 2013 JHMzB

Sintemal und alldieweil...
– Alter Väter Sprache –

Mir scheint es, dass – ach nein: Mich deucht...
Ein Vogel fliegt – ach nein: entfleucht...
Zu Hülf – man liest in alten Alben,
dass man dereinst noch allenthalben
dem alten Wortgebrauche frönte,
der Sprache, die so traulich tönte,
anheimelnd in der guten Stube,
in der dereinst der kleine Bube
beflissen seinem Oheim lauschte,
bevor man dann die Rollen tauschte,
indem der Bub gar mannigfaltig
und irgendwie auch wortgewaltig
dem Oheim zu Gehöre brachte,
wie er sich seine Welt so dachte,
die Welt aus wunderlich Gefilden,
mit Zwergen, Feen – alles gülden!

Fürwitzig wär' es ohnegleichen,
wollt heute unsereins erreichen,
dass alles wird wie dazumal,
in Teilen wär' das auch fatal:
Was wir in rosig Farben seh'n,
war oft nur alt, doch gar nicht schön.

Doch ficht es mich mitnichten an,
dass ich dem Wortschatz zugetan:
Er ist, wenngleich schon angejahrt,
doch wert, dass man ihn gut bewahrt!

23. 11. 2013 JHMzB

Sitten und Bräuche

Ist es nicht längst ein alter Hut:
Nicht immer ist, was alt, auch gut!?
Was uns're Ur-Ur-Väter trieben,
mit ihren Feinden, ihren Lieben,
das taten sie bedenkenfrei,
was and're dachten: einerlei!

Sie hatten damals ihre Zwänge,
drum sah man manches nicht so enge.
Man war ja auch ein armer Tropf
– der Bauch regierte, nicht der Kopf!
Die Weiber greinten, und die Blagen,
sie wollten etwas in den Magen!
Und wenn es um die Triebe ging:
Moral war nicht der Väter Ding...

Zum Denken kam man selbst noch nicht,
es reichte völlig ein Gerücht.
Als ehrbar galt so manch Schamane,
es war die Zeit der Scharlatane,
der Hexer- und der Barbarei,
der Quack- und and'rer Salberei,
die Rattenfänger war'n bereit,
man folgte jeglichem Geläut.

Und manches von dem Laisser-faire
kommt heute als "Kultur" daher,
in Form von "Brauchtum" oder "Sitten",
als wär' die Zeit nie fortgeschritten.

Wann wird wohl heut'gen Epigonen
der menschgewordenen Dämonen
vergang'ner Zeiten, als man quälte,
ans Kreuz schlug, räderte und pfählte,
ins Feuer warf den, der sich wehrte
und bess'ren Wissens aufbegehrte,
wann wird wohl denen, die beflissen
in Mittelalter-Finsternissen
Parolen suchen, die auch heute
für all die schlichten Alltags-Leute
– wenngleich nur Sand in ihren Augen –
als Offenbarungslehren taugen,
wann wird wohl denen, sei gefragt,
gar *"Brauchtumspflege"* nachgesagt?

23.b 11. 2013 KHB

Wohlwollend les' ich dein Gedicht,
doch weiß ich es noch immer nicht,
worin sich wohl die alten Zeiten
von den neuen unterscheiden,
denn ich les' und sehe täglich,
was ich finde unerträglich.
So kann ich wohl hinterfragen
was du sagst, auch anders sagen:
Zum Denken kommt man heut auch nicht,
noch immer reicht uns ein Gerücht,
als ehrbar gilt so manch Schamane,
es ist die Zeit der Scharlatane,
des Terrors und der Barbarei,
der Quack- und and'rer Salberei,
die Rattenfänger sind bereit,
und man folgt jeglichem Geläut.
So wird das Brauchtum heut gepflegt,
indem man es schlicht weiter trägt.
Es geht auf meinen Lebensbahnen
mir besser nicht als meinen Ahnen.

So ist es doch wohl allzumal:
Nur ändert sich die *Jahreszahl*.

02.b 12. 2013 KHB

Bett-lers alternatives Wiegenlied

Mancher macht die Nacht zum Tage –
umgekehrt ich gerne sage,
dass ich mach' den Tag zur Nacht,
den ich schlafend hab' verbracht.

07. 12. 2013 JHMzB

Eine kurze Bau-Geschichte

Uns're Väter vom Typ "Ur-",
in der Unbill der Natur
frierend und meist durchgenässt,
hassten all das wie die Pest.
Auch die Frauen, weil sie froren,
lagen ihnen in den Ohren:
"Endlich aus der Höhle raus,
baut doch endlich mal ein Haus!"
Und somit entstand dann bald
manches Ur-Haus tief im Wald.
Bau-bezüglich: Einen "Boom",
gab's dann schon im Altertum!
Schließlich, einmal so im Schwung,
baute man zur Abwechslung
nicht nur für die Lieben sein,
nein, auch Götter zu erfreu'n.
Bäume hatte man en masse,
sie zu fällen machte Spaß.
Bauprobleme gab es kaum,
Kirchen- oder sonst ein Raum

folgte stets demselben Lauf:
Wände hoch, Flachdecke drauf.
Erst im täglichen Betrieb
kam zustande, was dann blieb,
denn die Theologen logen,
dass sich alle Balken bogen.
Ja, so sagt man, haben Pfaffen
die Gewölbe einst erschaffen!
Schön ist's, wenn sich Kompetenzen
gegenseitig so ergänzen.

08. 12. 2013 KHB

Vom Flachdach zum Gewölbe hin –
architektonisch ein Gewinn.
Ein Trost, seh' ich die Flocken fallen:
Das *Schrägdach* ist noch eingefallen
(nicht eingestürzt) den Architekten,
die schräge unsre Häuser deckten.
Unterm schrägen Dach geborgen,
mache ich mir keine Sorgen,
nicht um Regen, Schnee und Wind
und was derlei Dinge sind.
...

02.b 01. 2014 JHMzB

"Wir wünschen Ihnen alles Gute!"

Die guten Wünsche alle Jahre
geraten leicht zur Massenware.
Nichts gegen die von den Bekannten,
den Freunden und den Anverwandten,
die sich tatsächlich um mich sorgen
und mir auch ein paar Euro borgen,
sollt ich mal in der Klemme sein.
Doch bei den andern ist es Schein,

ist's vorgetäuschte Sympathie,
ist's pure Werbestrategie,
ist's schlimmstenfalls auch das Bemühen,
mich über ihren Tisch zu ziehen,
wenn sie zu Weihnacht und Silvester
im Ton von Bruder oder Schwester
mit guten Wünschen mich bedenken,
vielleicht sogar mir etwas schenken,
ein Pröbchen oder Gutscheinheft,
mit dem mich irgendein Geschäft
verlocken will, dort einzukehren,
um seinen Umsatz zu vermehren.
Sein "Kling" und "Glöckchen", sie bedeuten:
Bei ihm soll oft die Kasse läuten!
Selbst "Alles Gute" im TV
– vom Moderator – stimmt genau,
es heißt, du mögest lange leben
und dadurch seine Quote heben.
Denkt jeder so, wie ich vermute?
Ach nein: *Bestattungsinstitute!*

07. 01. 2014 KHB

REDENSARTEN

"Ich habe Schwein".
Was soll das sein?
Erspart bleibt mir,
was beinah schier
mich hat bedroht
bis in den Tod.
Ich bin beklommen
noch entkommen.
Was ich gefürchtet, trifft nicht ein,
und darum sag ich: "Ich hab Schwein."

Ja ich könnte mich bequemen
und "für bare Münze nehmen",

was die Leute mir so sagen.
Doch ich muss oft hinterfragen:
Meinen sie auch, was sie sagen?
Woll'n sie "übers Ohr mich hauen"
und missbrauchen mein Vertrauen,
wollen sie mich wohl betören,
wenn ich ihnen soll zuhören?
Oder woll'n sie mich beschämen
und "mich auf die Schippe nehmen"?
Manche "nehmen" mit viel Charme
andre Leute "auf den Arm".
Andre woll'n mein Glück versauen
und mich "in die Pfanne hauen".
Bleibt die Frage: Nehme ich
wirklich ernst auch selber mich?
"Er hat in das Gras gebissen"
sagen Leute die vermissen
einen Menschen, den sie lieben,
der "am Leben nicht geblieben."

Den Redensarten auf der Spur –
das ist nicht Unterhaltung nur,
das wird zur Anthropologie:
Was rede ich, wie leb ich – wie?

08. 01. 2014 KHB

Netzwerke hat der *Mensch* erfunden?
Irrtum, das gibt's schon lang bei *Hunden,*
weil jeder Baum am Straßenrand
die Hunde immer schon verband.
Mit Nase und erhobnem Bein,
so fügen sie ins Netz sich ein.
Bei Sonnenschein und bei Gewittern
sind Hunde unterwegs und twittern.

08.b 01. 2014 JHMzB

Ein Hund, zum Schein vor Kälte zitternd,
in Wahrheit mit den Seinen twitternd,
das ist, wenngleich noch futuristisch,
bei Karl Heinz wohl schon realistisch.
Das zeichnet unser'n Karl Heinz aus:
Er ist uns immer weit voraus!

14. 01. 2014 JHMzB

Mit Rücksicht etwa auf die Gicht
rät man uns manchmal zum Verzicht
auf unsereines Leibgericht,
was von der Logik her besticht.
Doch ist es besser, man bespricht
die Sache aus Genießersicht
bei Rotwein und bei Schummerlicht
mit Menschen aus der Freundeschicht,
bevor man schier an ihr zerbricht.
Ich hoffe, trotz Gesundheitspflicht,
und bin da voller Zuversicht:
Am Tunnel-Ende ist ein Licht,
ein Grubenlicht schwenkt da ein Wicht,
der meinen Kummer jäh durchbricht,
indem ein Wunder er verspricht!
Man sieht: Verzagen muss man nicht!

15. 01. 2014 KHB

Es war heut vor 70 Jahren,
da ist übern Fuß gefahren
die Leipziger Straßenbahn.
Dass ich dennoch gehen kann,
sehe ich als Wunder an.
70 Jahre mit "Holzbein",
das kann überstanden sein.

[* *Seit Jahrzehnten ist das Bein aus Gießharz,
nicht aus Holz. Doch als symbolische
Bezeichnung bleibt es ein "Holzbein".]*

17. 01. 2014 JHMzB

Fraglos ist sie schnurzegal,
der Extremitäten Zahl,
wenn es um das Denken geht,
wofür er als Beispiel steht:
Ihm, Karl Heinz, fällt stets was ein,
notfalls auch auf einem Bein!
Kunstharz, Knochen oder Holz,
Bein ist Bein, man steht – was soll's...

21.. 01. 2014 KHB

Nonsens XXL

Ich tat, was ich hab gut gemeint,
was anderen nicht gut erscheint,
mir übel haben sie's genommen,
und ich bin in den Knast gekommen.
Da sitze ich nun, kann nur weinen –
und werde gut es nicht mehr meinen.

22. 01. 2014 JHMzB

Es gut zu meinen reicht oft nicht,
was sich ergibt, ist das, was sticht!
Hinzu kommt, dass das Resultat
verschiedenste Kritiken hat:
Der eine lobt's mit Überschwang,
der and're findet, es macht krank.
Ich hoffe, dass da jemand schlichtet,
bevor ein Richter dich hin-richtet!

Anderes Thema:

Ich möchte mich so gerne drücken
vor den Malaisen mit dem Rücken.
Verstehe zwar: Mit Älterwerden
verbunden sind wohl auch Beschwerden,
doch diese Vielzahl muss nicht sein
– warum sieht's die Natur nicht ein?
Mir scheint, sie kungelt irgendwie
mit Ärzten und der Pharmazie...

23. 01. 2014 KHB

Du hast Malaisen mit dem Rücken,
das kann dich, denk ich, wohl bedrücken.
Es können Ärzte, Pharmazeuten
auch helfen, und nicht nur ausbeuten.
Dass dies gelingt, das wünsch ich dir,
wie ich es wünsche ja auch mir.

Ich hoff, dass bald auch ohne Rat
dein Rücken sich gebessert hat.

25. 01. 2014 JHMzB

Es ist nur eine deiner Gaben,
dass deine Wünsche Wirkung haben!
Du wünschst Genesung, und im Nu
gibt jeder Rückenschmerz gleich Ruh!
Du räumst hinweg, per Tele-Kraft,
was Diclo wochenlang nicht schafft!
Ich fühle mich nicht länger krank
und sende, als Geheilter, Dank!
Dein nächster Amtssitz sei darum:
Gesundheitsministerium!

25.b 01. 2014 KHB

Ich kann heut Besseres nicht lesen
als eben dies: Du bist genesen.
Du fühlst dich heute nicht mehr krank -
dafür sag ich auch großen Dank,
doch sag ich diesen Dank nicht mir –
ein anderer ist heilend hier!
Zur Heilung aber ihn verpflichten,
darauf will ich jedoch verzichten.
Und der Verzicht kann mich befrei'n
zum unbeschwerten Dankbarsein.

29. 01. 2014 JHMzB

Es ist ein Merkmal meiner Kröten:
Sie gehen immer ruck-zuck flöten!
Jetzt rate mal: Spricht er von Tieren,
die, wie auch ich, gern musizieren?
Kommst du zum "Ja", dann sag ich "kalt",
auch das ist metaphorisch halt...

30. 01. 2014 KHB

Pechvogels Klagelied

Alles, was ich falsch gemacht,
das wird sorgfältig bedacht,
doch was richtig ich gemacht,
das wird leider nicht bedacht.
Dass es mir geht wie den Tieren –
muss ich mich dafür genieren?
Ist das wieder metaphorisch,
oder vielleicht doch historisch?

30.b 01. 2014 JHMzB

Pechvogel oder *Glückspilz?*

Darf ich die Metapher wählen,
brauch ich mich nicht lang' zu quälen.
Meine Eigenliebe will's:
Statt des Vogels lieber Pilz!
Nur der eine Punkt macht bange:
Pilze leben nicht so lange...

03.b 02. 2014 JHMzB

Schläge

Wie gut doch oft ein Schlag mir tat,
ein Schlag von dieser Sorte: "Rat".
Den Ritterschlag – nicht mehr modern –
den hätte ich sonst auch noch gern.
Die ander'n Schläge, sagt mein Sichten,
auf die kann man ganz gut verzichten.
Nur Tauben fällt da noch was ein:
Im Schlag, da ist man nicht allein!

10. 02. 2014 KHB

Rätsel

Ja wo ist denn die Susanne?
Sie liegt in der Badewanne,
da liegt sie ganz ausgeruht
und das tut ihr wirklich gut.
Susanne ist ein Synonym
für einen Mann, der anonym,
jedoch er ist euch wohl bekannt,
denn er lebt im Westfalenland.

10.b 02. 2014 JHMzB

Ja, das hört man immer mehr:
Liebe geht jetzt kreuz und quer...
Du hast einen neuen Schatz?
Neben Elsbeth ist noch Platz?
So, Susanne heißt dein Freund?
Das gehört doch wohl verneint!
Also, Karl Heinz, schäm' dich schon,
kehr' zurück zur Tradition!

10.c 02. 2014 KHB

Das erste Mal ging voll daneben,
wie es gehen kann im Leben.
Doch zweimal raten kannst du noch –
der Ball fällt vielleicht doch ins Loch.

10.d 02. 2014 JHMzB

[Bild: Blume: *Schwarzäugige Susanne*]

Schwarzäugig ist die Susanne,
die da liegt in deiner Wanne!
Mann, was war ich angeeckt...
Ist die Lösung jetzt korrekt?

11. 02. 2014 KHB

Schön die Schwarzäugige Susanne –
doch sie lag nicht in der Wanne.
Einmal raten kannst noch du,
dann klappen wir das Rätsel zu.

11.b 02. 2014 JHMzB

[Bild: Gemälde: Susanne im Bade
von Anthonis van Dyck]

Jetzt wird es mir endlich klar,
dass es ein Gemälde war,
das dich spintisieren lässt
und zum Rätsel wird zuletzt!
Mit dem Barte, der bist du,
grapschst auch noch, das ist der Clou!
Damit Elsbeth schlafen kann,
sagst du noch, das sei ein Mann!
Doch sie ahnt, was dich anficht,
denn naiv, das ist sie nicht!

11.c 02. 2014 KHB

Leider zeigt die Hohe Kunst
für das Publikum auch Brunst.
Für "Susanne in dem Bade"
ist es dabei wirklich schade.
Und es lag auch die Susanne
nicht in meiner Badewanne.
So muss endlich ich bekennen
und das Ding beim Namen nennen:
"Susanne" war ein Pseudonym
und ich bleib nicht anonym:
Wer gelegen in der Wanne,
das war *ich* und nicht Susanne.

12. 02. 2014 JHMzB

Häufig, doch nicht alle Tage
wage ich mich auf die Waage,
prüfend – und das sorgenvoll –,
ob ich weiter wuchern soll

mit den Pfunden, was konkret
in der Schrift geschrieben steht.
"Nein!" hör' ich den Pastor schon,
"Falsche Interpretation!"
"Kann man", werde ich dann schnauben,
"nicht einmal dem Glauben glauben?"

13. 02. 2014 KHB

Es wird das "Wuchern mit den Pfunden"
irrtümlich oft nur so empfunden,
als ginge es da um die Waage,
doch ist es wahrlich keine Frage:
"Pfunde" steht da metaphorisch,
anders wär' es illusorisch.
Darum gilt es Stück für Stück:
Halt beim Essen dich zurück.
Du musst nicht dem Glauben "glauben"
du kannst Gott – ihm selber – glauben,
dass mit halber Menge eben
ganz gesund du kannst noch leben.

06. 03. 2014 KHB

New Correctness

Schon immer wollten Leute fein
und auch korrekt gekleidet sein.
Was sonst am Leib man trägt, egal –
Hauptsache heute ist: Ein Schal!

08. 03. 2014 JHMzB

Ja, früher "warf man sich in Schale",
weit weg von Kutte und Sandale,
doch heute reicht ein Schale-Teil:
ein Schal – er gilt als modisch geil!

13. 03. 2014 JHMzB

Der Optimist weiß guten Mutes,
es hat doch alles auch sein Gutes.
Das gilt letztendlich auch für's Sterben,
zumindest aus der Sicht der Erben.
So manches, was von hier ein Graus,
das sieht von dort ganz anders aus!

14. 03. 2014 JHMzB

Putziges

Ich putzte eben noch das Bad
und putze jetzt den Feldsalat...
Mir scheint, das Wort ist aus-genutzt
erst, wenn man mal "die Platte putzt".

29. 03. 2014 KHB

Bett-lers Klage über die Zeitumstellung

Letzter Samstag heut im März,
da durchzuckt mich doch ein Schmerz,
denn mich quält wie eine Wunde:
Heut Nacht fehlt mir eine Stunde
für das beste, das im Leben
mir zur Freude ist gegeben:
Guter Schlaf in meinem Bett.
– Ach, ich finde es nicht nett.
Ob ich morgen bin bereit
für die neue *Sommerzeit,*
das ist eine offene Frage
jedes Jahr an diesem Tage.

30. 03. 2014 JHMzB

Närrische Zeit

Wer nicht wie alle andern tickt,
der gilt gemeinhin als verrückt.
Heut, zu Beginn der Sommerzeit,
ertönt ein Klagen weit und breit:
"Die spinnen alle, uns're Uhren!"
Doch sieht man bald: Mit Korrekturen,
wie sie das Handbuch uns verrät,
ist schnell die Uhr zurechtgedreht.
Es ist die Zeit der Ehemänner,
die sich als Technik-Alleskönner
und Retter überhaupt erweisen.
Sie lassen sich entsprechend preisen
vom angetrauten Eheweib.
Sie hält sich alles das vom Leib,
sie ist am wenigsten verrückt
– so klug, dass sie sich lieber drückt...

03. 04. 2014 KHB

Aus Bett-lers Tagebuch

Ich bin erwacht, es war halb sieben,
ich bin im Bette noch geblieben
und schlief dann auch noch einmal ein,
als ich erwachte, war's um neun,
da wollte ich noch nicht aufsteh'n,
und dann erwachte ich um zehn.
Da musste dann der Tag beginnen,
dem ich nicht viel kann abgewinnen,
es sei denn, dass ich mich auch heute
auf die Siesta wieder freute.
Der Nachmittag schleicht so dahin,
bis ich am Abend müde bin.

So geht ein Tag hin ohne Eile
und doch auch ohne Langeweile.

05. 04. 2014 JHMzB

Des Fluges Fluch

Sommers, wenn die Mücken fliegen
und bald Stechgelüste kriegen,
stellt man unter dieser Plage
Artenvielfalt gern in Frage...
Und selbst unter uns, mal ehrlich,
finden manchen wir entbehrlich,
wenn, beim In-die-Wolle-Kriegen,
ab und zu die Fetzen fliegen.
Merke: Neben Lug und Trug
ist verderblich auch der Flug!

13. 04. 2014 JHMzB

Der Garten, wo der Flieder blüht,
ist sonnig, wie auch mein Gemüt.
Er bietet mit dem, was da wächst,
mir Reime fast auf jeden Text.
Das Reimen ist bei mir ein Laster,
dazu empfiehlt sich gleich die Aster.
Verzweifle ich im Reim-Bemühn,
wer hilft dann weiter? Der Jasmin.
Zu jedem Schwachsinn steht parat,
zur Not sogar der Blattsalat.
Selbst nächtens, wenn's im Garten finster,
ist immer reimbereit – der Ginster.
Das Aus-dem-Fenster-Schau'n, Karl Heinz,
gehört zum Reimen-Einmaleins!

14. 04. 2014 JHMzB

Schon *Neunzig*, und jetzt *noch eins drauf:*
Ein wahrer Lebens-Dauerlauf!
Du sollst noch viele Runden dreh'n,
stets mit dem Urteil: Es ist schön!
Erfreu dich weiterhin, Karl Heinz,
der schönen Seiten deines Seins!

28. 04. 2014 JHMzB

Frisch gereimt ist halb gesponnen?
Bess'res hab ich nicht ersonnen.
Denn der Spruch – er hilft *mir* nicht,
weil's an beidem *mir* gebricht:
An der Frische und am Reim.
Darum bleibt es nicht geheim:
Dieser Kerl ist ausgebrannt,
legt ihn an den Straßenrand,
lasst als Sperrmüll ihn entsorgen,
besser heute noch als morgen!

12. 05. 2014 JHMzB

Gegen die Oberflächlichkeit

Der Körper ist, wohin man schaut,
wohl überall bedeckt mit Haut.
Den Einfaltspinseln steht es frei,
zu denken, dass das alles sei.
Der Oberfläche gilt ihr Blick
– das war's – und lehnen sich zurück.
Warum sich da noch Mühe machen,
wo offen-sichtlich sind die Sachen?

Wer weiter denkt, vermutet richtig:
Das Äußere, es ist zwar wichtig,
doch weiß er aus der Schule schon:
Es gibt die dritte Dimension!
Und ergo fällt ihm zwingend ein:
Darunter kann noch etwas sein...
Und so – in früheren Epochen –
entdeckte man zunächst die Knochen,
und die Organe gleich dazu,
und gab noch immer keine Ruh
und fand so in des Körpers Enge
auch noch gewisse dünne Stränge,
die man bis dahin noch nicht kannte
und schließlich "Blutgefäße" nannte.
Und schließlich, dank der Forscher Drang,
da lagen auch die Nerven blank,
so dass man sich so dann und wann
auf diese Dinger gehen kann.
Ganz oben, hinter mancher Stirn,
entdeckte man dann noch das Hirn.
Vorausgesetzt, dass man es hat:
Da findet unser Denken statt!
So führt, mit etwas Forscherglück,
das Denken sich auf sich zurück.
Das Denken reicht jedoch nicht weit,
neigt es zur Oberflächlichkeit!
Der Oberfläche schöner Glanz
beschreibt die Wirklichkeit nicht ganz.
Man falle nicht auf sie herein
– es kann auch noch was drunter sein!

22.b 05. 2014 JHMzB

Sonntag ist Wahltag!

Dass er bei jeder Narretei
mit Lust dabeigewesen sei,

bezeichnet er als ein Gerücht.
Und doch: Sieht es Karl Heinz denn nicht,
dass Sonntag, dort im Wahllokal,
als Kreuzchenmacher bei der Wahl,
er sich nicht sicher fühlen kann,
dass er nicht grad den falschen Mann
per Kreuzchen an die Macht gebracht,
der später allen Kummer macht?
Oft zieht man doch an einem Karren
und weiß es nicht, wird so zum Narren.

28. 05. 2014 JHMzB

Schöpfungskritik

Warum kriegt das Scheißerchen
erstmal eig'ne Beißerchen?
Wüsste es schon von den Dritten,
würd' es gleich um solche bitten.
Fiel ihr da nichts Bess'res ein?
Grausam kann die Schöpfung sein!

01. 06. 2014 KHB

Sonntag

Heute bin ich ganz getrost:
Keine Zeitung, keine Post.
Fern der Unfug dieser Welt,
keine Rechnung – das spart Geld.

01.b 06. 2014 JHMzB

Der Volksmund sagt es kurz und knapp:
"Der Kerl ist hin. *Der Lack ist ab.*"
Ja, das trifft zu, wohl auch für mich,
der ich derzeit per Pinselstrich

im Hause abgewetzte Dinge
in einen bess'ren Zustand bringe.
Warum, so fragt man sich betrübt,
es keinerlei Verfahren gibt,
uns Menschen auch zu renovieren,
indem wir uns auf neu lackieren.
Was werkstoffseitig funktioniert,
das sei auch Menschen konzediert!

07.b 06. 2014 KHB

Weht der Geist wohin er will,
hält der Ungeist auch nicht still.
Wer nicht schuftet, ist ein Schuft,
und so wird er eingestuft.
Das ist zwar nicht meine Meinung,
doch es tritt oft in Erscheinung.

14. 06. 2014 JHMzB

Ex-Kollegen-Treffen

Ach, es gibt so manche Freuden,
die man selten möchte meiden.
Eine ist: Von Jahr zu Jahr
abzufragen, wie es war,
als man noch in Saft und Blüte
– im Beruf sich fleißig mühte,
von dem Wirtschaftswunderkuchen
auch ein Stück für sich zu buchen,
um die Frau und auch die Blagen,
sollten sie nach Essen fragen,
gut versorgt und satt zu wissen,
ohne betteln geh'n zu müssen.
Also, davon spreche ich:
Ex-Kollegen treffen sich,

angegraut und lahmend zwar,
unermüdlich jedes Jahr,
schwärmen dies und grollen das,
leeren dabei manches Glas...
Solchermaßen angefeuert,
wird am Ende stets beteuert:
Aus der Gegenwart geseh'n
war doch früher alles schön!

14. 06. 2014 KHB

Erinnerung ist Huldigung
an die Zeit, da wir noch jung.
Dass Gegenwart, bei Licht besehn,
bei weitem nicht mehr ist so schön,
liegt es denn nur am Jetzt und Hier
oder – vielleicht – doch auch an mir?

22. 06. 2014 JHMzB

Fehl-Tritt

Wer oft in die Pedalen tritt,
der bleibt auf diese Weise fit.
Und doch, obwohl das jeder weiß,
denkt mancher an das bisschen Schweiß,
das unvermeidbar dabei fließt,
lehnt sich zurück, denkt nach, beschließt:
Wenn es schon TRETEN sein muss, dann
fang ich mit etwas Leichtem an...
Und was mag das Ergebnis sein?
Fettnäpfchen, da tritt er rein!

26.b 06. 2014 KHB

Beim Unkraut-Jäten wird bewusst:
Nicht alles wächst zu unsrer Lust,
es wächst auch vieles uns zum Frust.
Es leuchtet ganz allmählich ein:
Es kann das Kraut wohl nicht allein,
es kann auch *Unkraut Schöpfung* sein.

27.b 06. 2014 JHMzB

Der Philosoph ist sehr gerührt,
wenn Aussicht mal zur Einsicht führt.
Der Wert der Aussicht ist meist klein:
Man sieht zwar weit, doch oft nichts ein.
Wer immer vor der Glotze hängt,
dem wird kein Denkvorgang geschenkt.
Er sieht doch nur die Glotze bloß,
so sieht er viel, doch *einsichtslos.*

28. 06. 2014 JHMzB

Frei gemeint

Das, was sich unter "Meinung" findet,
das ist zumeist zwar unbegründet,
doch fühlt es sich so traulich an,
dass man nicht davon lassen kann.
Den opportunen Fakten-Check,
den lässt man – ach so gerne – weg.
Warum? Weil es sich nicht gehört,
dass Illusionen man zerstört.
Zumal man so auch sicherstellt,
dass man den Mainstream unterhält
und damit vieles unterstützt,
was zwar gefällt, doch selten nützt.

28.b 06. 2014 KHB

Was so traulich und bescheiden
wird als "Meinung" kund getan,
soll in Wahrheit doch bedeuten:
Hör dir das gefälligst an!
Wie ich denke, denk auch du,
was ich will, genau das tu!
So wird oft aus einer "Meinung"
unversehens eine "Deinung".
Doch ist im Duden nicht zu finden
die "Deinung", wohl aus guten Gründen.

30. 06. 2014 KHB

I am I and you are you,*
ich bin ich und du bist du.
Das ist mehr als Toleranz,
das ist fairer Lebenstanz.
Auf Augenhöh' einander sehn,
so können wir recht gut besteh'n,
unterscheiden Dein und Mein,
können so zufrieden sein.

* so Fritz Perls in seinem "Gestaltcredo"

05. 07. 2014 JHMzB

Fußball-Weltmeister?

Das, wovon Millionen träumen,
dürfen elf Mann nicht versäumen?
Schaffen sie mit Wadenkraft
letztlich auch die Meisterschaft?
Bald ist es am Licht der Sonnen,
frisch geballert, halb gewonnen...

20.b 07. 2014 JHMzB

Wenn das Klima sich erhitzt,
wird in Folge mehr geschwitzt.
Der, der nun darüber jammert,
hat das Denken ausgeklammert.
Noch vor einem halben Jahr
fand er Kälte fürchterbar.
Nun, beim Winter-Gegenteil,
findet er die Kälte geil.
Ach, der Mensch, er ist ein Knüller:
Ist ein Weiß-Nicht-Was-Er-Willer!

26.b 07. 2014 KHB

Menschen schauen zu mir hin,
wie ich sein soll – und nicht bin.
Und sie haben ungefragt
mir das immer auch gesagt.
So von Kindesbeinen an,
und noch heut dem alten Mann.
Doch heut kann's mich nicht mehr stören,
ich kann es getrost anhören.
Nicht zum Streit, vielmehr zum Frieden
denken beide wir verschieden.

26. 07. 2014 JHMzB

Was kann eine Fliege? Fliegen.
Können Fische fischen? Nein.
Worin sich im Kriege kriegen?
In die Wolle – ganz gemein!
Was macht man mit Tasten? Tasten,
wenn die Übung halt noch fehlt.
Ist der Hunger fast ein Fasten?
Nein, weil hier die Absicht zählt!

Muss man sich um Sorgen sorgen?
Nein, man hat sie ohnehin.
Winkt mir morgen noch ein Morgen?
Wenn ich noch am Leben bin...

29. 07. 2014 KHB

Eine Larve
in der Harfe
stört den Ton,
das hört man schon.
Darum hole
ich die Larve
aus der Harfe
alsbald schon.
Ich kann den Unsinn zum Quadrat
nicht verschweigen. Das ist schad.
Seid barmherzig, nehmt es hin,
irgendwann kommt auch mal Sinn.

29.b 07. 2014 JHMzB

Die Entlarvung deiner Harfe
galt harmonischem Bedarfe.
Konntest du dabei vergessen
Anti-Schädlings-Interessen?
Tatest du dem Tier was an,
was dir später leidgetan?
Stell dir vor, dein schnödes Tun
lässt jetzt die Natur nicht ruhn,
sie holt aus zum Gegenschlag,
weil sie sowas gar nicht mag,
morgen schon wirst du es spüren:
Defizit bei Krabbeltieren!
Ja, ein Käfer, wunderschön,
ist im Garten nicht zu seh'n,

weil die Larve vor ihm fehlt.
Hierbei sei auch mitgezählt,
dass der Käfer, lebte er,
Vater noch geworden wär'.
Nicht nur das – nach Generationen
gäb' es Käfer-Millionen,
die nicht nur zu eig'ner Freude
lebten, sondern auch zum Leide,
denn sie sind, da vogelfrei,
manchen Vogels Leckerei...
Ja, nicht nur aus Larven-Sicht:
Vor dem Tun ist Denken Pflicht!

02. 08. 2014 JHMzB

Die Schlange, ja, sie hat für jeden,
seit jenem Ärgernis im Eden,
ein Rufproblem – man mag sie nicht.
Liegt's nur am biblischen Bericht?
Ach nein, auch in der Gegenwart
erschreckt sie uns mit ihrer Art,
die Zunge zeigt sie voller List,
die noch dazu gespalten ist,
was man mit Falschheit übersetzt.
Erwähnt sei noch zu guter Letzt,
dass sie, auch sonst metaphernschwer,
im täglichen Berufsverkehr
sehr oft in aller Munde ist,
und zwar im Doppelklang mit "Mist"!
Man steckt beziehungsweise steht
in ihr, wenn nichts mehr weiter geht.
Man bildet sie aus Höflichkeit,
verplempert in ihr reichlich Zeit.
Ob sie es wohl als Unrecht fühlt,
dass sie bei uns den Buhmann spielt?

03. 08. 2014 KHB

Meditation

Ich bin Mensch und bild mir ein,
ich würd' geistvoller noch sein,
als die Fliege je sein kann,
die ich grade schaue an,
denn ich habe ein Gehirn
hinter meiner breiten Stirn.
Aber wenn ich Fliegen jage
oder gar nach ihnen schlage,
bleibt durch Geistesgegenwart
Schlimmstes ihnen doch erspart,
weil sie schneller reagieren,
als es mir kann je passieren.
Ist die "Geistesgegenwart"
mehr noch als nur Redensart?

04. 08. 2014 JHMzB

Das ist aber arrogant,
und die Fliege wird verkannt,
wenn man dreist ihr unterstellt,
dass sie kein Gehirn enthält.
Denn wo anders soll'n sie wohnen,
dieser Fliege Emotionen,
ihr Gefühl für Gutes, Wahres,
für Vollkomm'nes, Wunderbares,
für ganz eig'ne Lebensart
und für Geistesgegenwart?!
Letztere erscheint mir wichtig,
denn Karl Heinz bemerkte richtig,
dass die Fliege solche zeigt,
und er scheint nicht abgeneigt,
diese Gegenwart zu deuten
nicht als die von schlichten Leuten,

sondern als die – ganz erlesen! –
Gegenwart von höh'rem Wesen!
Wer dem Geist ist zugetan,
wendet keine Klatsche an!

05.e 08. 2014 JHMzB

Nicht alles, was derzeit so fliegt,
ist etwas, was mir wirklich liegt.
Es zählen dazu manche Mücken,
die nicht nur mich nicht recht entzücken.
Auch Wespen, trotz der dünnen Taillen,
bedenke ich nicht mit Medaillen.
Und meine Meinung zu den Drohnen:
Ich bin für drohnenfreie Zonen!
Doch will ich auch die Dinge nennen,
die meinetwegen fliegen können:
Die Engel, falls es welche gibt,
Gedanken über was man liebt,
die Wolke, die ich mir erbat,
und, gleich zum Mond, manch Potentat.

12.b 08. 2014 KHB

Streng vertraulich!

Ich komme oft zurück vom Klo
mit dem Gedicht, das kommt mir so.
es reimt sich oft, seltsamerweise
auf dieses Zeug vom Klo, die ...

Pardon!

12.c 08. 2014 JHMzB

Gleich nach dem Klo denkt mancher Weise
gedankenvoll an das Wort SPEISE,

weil daraus wurde das gemacht,
was er soeben weggebracht.
Es sei der Denkende beflissen
– es adelt schließlich sein Gewissen –,
stets zu bedenken, was er tat,
und woraus sich's ergeben hat.
Das gilt für hier und irgendwo
und eben auch den Tatort Klo.
Warum bloß denk' ich jetzt ans Klonen?
Verdammte Assoziationen...

23. 08. 2014 JHMzB

Frage mich: Zu welchem Zwecke
schuf der Schöpfer bloß die Zecke?
Ich weiß nur, dass sie mich beißt
und alsdann mein Blut verspeist.
Und, anstatt sich zu bedanken,
macht sie mich auch noch zum Kranken.
Hat mich doch ganz ungeniert
mit Borrelien infiziert!
Frage also weiterhin:
Hat die Zecke einen Sinn?
Fürchte jetzt den Antwort-Clou:
Wozu, meinst du, dienst denn *du*?

23.b 08. 2014 KHB

Wozu, frage ich oft mich,
lebe eigentlich nun ich?
Schwankend zwischen Lust und Frust.
wird mir schließlich doch bewusst:
Ich bin mein Erfinder nicht,
dass ich lebe, schaff ich nicht.
Dass ich lebe, ist gewollt,
welche Träne mir auch rollt,
die vor Glück, ob die vor Leid.
Gefragt bin ich, ob ich bereit,

das Leben, das mir ist gegeben,
als meines wirklich auch zu leben.
Kein Zweifel: Ich bin jetzt noch da –
aber sag ich dazu JA?
Ich denk oft für mich im Stillen:
Ich leb' um des JA-Worts willen.
Schwer ist es, dies JA zu finden,
wenn ich es nicht kann begründen.
Ich verlier nicht mein Gesicht,
wenn ich's kann begründen nicht.
Begründung liefert nicht den Grund –
diese Einsicht macht gesund,
wenn ich am Warum erkranke.
Tröstlich ist mir der Gedanke:
Ich muss Gottes Fantasie
nicht begreifen, wirklich nie.
Dies ist so an allen Ecken,
nicht nur, wenn es geht um Zecken.

25. 08. 2014 JHMzB

Eine Sache zu begründen
lassen sich stets Worte finden.
Doch die Worte sind nur Tand,
fehlt dahinter der Verstand,
was hier für "Verstehen" steht
– und wer weiß schon, wie das geht...

27. 08. 2014 KHB

Es ist mir in meinem Leben
leider vieles vorgegeben,
was ich alles soll und muss,
das bereitet oft Verdruss.
Lieber ist mir als das Sollen
immer wieder doch das Wollen.
Doch ist vieles nicht erlaubt,
was mir dann die Freude raubt.

Darum bin ich oft verzagt –
das sei jetzt einmal geklagt.

29. 08. 2014 JHMzB

"Sollen" heißt doch lediglich:
Jemand anders "will" für mich.
Daher tröstet mich: Gesollt
ist doch immer auch gewollt.
Gern seh' ich's als Nebensache,
ob ich beides selber "mache".
Arbeitsteilung bringt für beide
Seiten schließlich meistens Freude.
Für's mentale Wohlbefinden
lässt sich Bess'res kaum verkünden!

04. 09. 2014 KHB

Zu finden bin ich irgendwo,
sei es im Bett, sei's auf dem Klo,
alternativ zu meinem Bett
bin ich auch mal im Internet.

04.b 09. 2014 JHMzB

Hat sich in deiner Dreieckswelt
zu Bett und Klo noch Net gesellt?
Am besten wird sie ausgedehnt,
wird auch die Elsbeth noch erwähnt:
Sie schwebt per dritter Dimension
darüber, bildet so die Kron',
die Spitze einer Pyramide,
das macht dein Weltbild erst solide!
Die Elsbeth ist doch, sei mal ehrlich,
in deinem Kosmos unentbehrlich!

05. 09. 2014 KHB

Klarstellung

Ich sprach doch mit meinen Worten
von den drei verschiednen *Orten.*
Elsbeth aber ist kein Ort,
darum von ihr auch kein Wort.
Mit Elsbeth bin ich gern allein,
da muss ich nicht zu finden sein.
Wo ich bin, bei wem ich bin –
das unterscheiden macht doch Sinn.
Elsbeth, da bin ich ganz ehrlich,
ist für mich ganz unentbehrlich.
Immer, wenn ich bei ihr bin,
weiß ich, da gehör ich hin.

06. 09. 2014 JHMzB

Dein Verstand hat doch gesiegt,
hast die Kurve noch gekriegt!
Frauen sind, da sind wir eins,
doch die Säulen uns'res Seins.
(Das gilt jeweils für die eine,
die uns angetraut, sonst keine!)
Elsbeth war doch sicher klar,
dass da nie ein Zweifel war!

29. 09. 2014 JHMzB

Dass er sich nicht überhitzt,
ist sein Ziel, wenn er so sitzt.
Dass er keine Schwielen kriegt,
ist sein Ziel, wenn er so liegt.

Zu vermeiden Arbeitswut,
ist sein Ziel, wenn er nichts tut.
Schön, dass er doch Ziele hat,
sie ersetzen manche Tat!
Keine Angst, ich mein' nicht dich,
FAULE Menschen meine ich.

26. 10. 2014 JHMzB

Hier spricht die Eitelkeit

Jeder Hund kann apportieren,
jeder Mensch kann applaudieren.
Wenn für mich er's immer tut,
dann erst ist für mich er *gut*!

27. 10. 2014 KHB

Applaus woll'n Menschen nicht nur hören,
Applaus kann Fans auch recht betören.
Applaus tut einem Menschen gut –
ob er empfängt, ob er ihn tut.

28. 10. 2014 JHMzB

Der tumbe Greis, die freche Göre,
fast alle taugen als Claqueure,
doch einem Freund auch kritisch sein,
nicht immer nur "da capo" schrei'n,
das ist doch oft die bess're Tat
und wahrer Freundschaft adäquat!

04. 11. 2014 JHMzB

Soll's Zufall sein, dass sich der *Zweifel*
fast perfekt reimt auf das Wort *Teufel*?

Zumindest hab ich das im Sinn,
wenn ich mal recht verzweifelt bin,
es geht dann recht verteufelt zu:
Warum sonst find' ich keine Ruh?

15. 11. 2014 JHMzB

Wasser- und Zu-Standsbericht
aus meiner Studentenzeit

Ich weiß noch, wie das Wasser stand:
Es stand mir bis zum Lippenrand,
dem Rand der Unterlippe.
So fristete mein Leben ich,
mein Anblick war gar jämmerlich:
Nur Haut auf dem Gerippe!
Man gab mir nicht mal Hungerlohn
und objektiv stand damals schon
mein Dasein auf der Kippe!
Im Müll fand ich mal etwas Brot,
so sprang ich doch dem Hungertod
letztendlich von der Schippe.
Als dürfte das nicht alles sein:
So ging es nicht nur mir allein,
so ging's der ganzen Sippe!
Wie kam ich aus dem Dreck heraus
und lebe heut' in Saus und Braus?
Weil ich im Lotto tippe!
Das Elend ist vorbei, zum Glück,
doch immer denk' ich dran zurück,
wenn ich am Sektglas nippe...

(Manchmal, durch den Reim verführt,
lüge ich ganz ungeniert.)

16. 11. 2014 KHB

Gehungert hab ich als Student
mitunter auch ganz vehement,
doch hungerte ich nicht allein,
das Hungern war ganz allgemein.
Es war die Zeit kurz nach dem Krieg,
der uns nicht hat gebracht den Sieg,
stattdessen Armut nur und Not,
es fehlte uns so oft das Brot.
Dann brach für uns, fast über Nacht,
wer hat das damals denn gedacht,
das Wirtschaftswunder jäh herein.
Nun können wir wohlhabend sein.
Ich sag das jetzt in Bausch und Bogen
und es ist nicht so ganz gelogen.

23. 11. 2014 JHMzB

Aus meinem Arbeitsleben

Ein Mensch, der meistens Gutes tut,
der findet *Schufte* gar nicht gut,
und sieht es deshalb mit Verdruss,
dass auch er selbst oft *schuften* muss...

28. 11. 2014 JHMzB

Zoo-logische Betrachtung

Die Medaille hat zwei Seiten,
niemand wird das je bestreiten.
Beide sind – das kann man seh'n –
etwa gleichermaßen schön.
Doch was für Medaillen gilt,
ist kein generelles Bild,

manchmal ist es gar nicht so,
jeder weiß das aus dem Zoo,
dort trifft man ein Beispiel an,
den bekannten PAVIAN.

03. 12. 2014 JHMzB

Goethes "Das Göttliche"

Was der Mensch auch immer tut,
edel sei es, hilfreich, gut!
Was uns täglich widerfährt,
ist doch meistens umgekehrt...

28. 12. 2014 JHMzB

Waren nicht vergang'ne Jahre
häufig "nicht so ganz das Wahre"?
In der Folge wurde oft
auf ein besseres gehofft.
Das hat Tradition, und nun
wollen wir das wieder tun.
Ach, wir wünschen uns so sehr:
"15" werde friedlicher!

08.c 01. 2015 JHMzB

Manchmal ist ein Fehler schon
so gewollt, ist Intention!
Löst er aus ein Reagieren,
kann er Neues generieren.
Wie Charles Darwin einst erkannte
ist ein Fehler, sprich Mutante,
bei der Gen-Reproduktion
auch Verbesserungsoption.

Vom Primaten evolviert,
hat das zum Karl Heinz geführt!
Wer bei dir an Fehler denkt,
ist in diesem Sinn beschränkt.

10. 01. 2015 JHMzB

Schwierige Diagnose

Der Karl plus Heinz ward unvermittelt
von einem Reimanfall geschüttelt,
er spuckte Reime, eruptiv,
bis Elsbeth einen Doktor rief.
Derselbe krauste seine Stirn
und noch dazu auch noch sein Hirn
und kam zu folgendem Befund:
"Ihr Mann ist körperlich gesund,
doch geistig ist er – das ist rar! –
hochgradig unberechenbar!
Wo sonst, im schönen Gleichgewicht,
Genie und Wahnsinn, dicht an dicht,
wo sonst die sich die Waage halten,
will bei Karl Heinz nur eines walten
– nur das Genie, und dieses steht
mit Höchstanspruch an Qualität
inmitten seiner grauen Zellen
und weist sie an, noch mehr zu quellen,
um leistungsfähiger zu werden,
und das führt dann zu den Beschwerden,
denn wo soll das Volumen hin?
Nach physikalischer Doktrin
führt Überdruck zur Explosion
oder, wie hier, zur Eruption!
Bei des Patienten Naturell
– Genie so monokulturell –
bleibt nur, geduldig zu ertragen,
vielleicht sogar, zu hinterfragen,

was er mit seiner Reime Flut,
in seiner Überzeugungswut,
uns mitzuteilen intendiert,
das ist zu wenig recherchiert!
Er bleibt für uns auf alle Fälle
noch lange Zeit Erkenntnisquelle!"

12. 01. 2015 JHMzB

Diagnose

Diagnostisches Bemühen
kann sich in die Länge ziehen
und wird mit Kritik verbunden,
wenn man dabei wird geschunden.
Doch man gibt sich bald versöhnt,
wird's durch Therapie gekrönt,
die uns möglichst balde heile...
Leider braucht auch sie 'ne Weile,
Nun, was schließen wir daraus?
Leben setzt Geduld voraus!

13. 01. 2015 KHB

Die Tage werden wieder länger,
das sagte mir der Vogelfänger,
der kennt ganz genau die Zeit,
und ist immer auch bereit,
mir zu sagen, was ist neu,
auf dass informiert ich sei.
Die Tage werden wieder länger,
das weiß ich jetzt vom Vogelfänger.

17. 01. 2015 JHMzB

Dein Hinweis auf 'nen Vogelfänger,
der machte mich doch bang und bänger,

denn solche Typen kennt man nicht,
man bringt sich sonst in falsches Licht.
Wer Vögel fängt, bringt sie auch um
– ein tödliches Kriterium!
Ich hör schon, wie Karl Heinz jetzt lacht:
An Mozart hab ich doch gedacht.
Sein Papageno war doch Kunst,
verdient schon deshalb uns're Gunst,
und dann denkt man sich nichts dabei,
bei seiner Vogelfängerei!
Ein Künstler ist in allem frei,
das gilt sogar für Barbarei!
Wer zu viel Freiheit kritisiert,
wird als Banause vorgeführt!
Ist sie ein Fortschritt unsrer Zeit,
die Denk-Bedenkenlosigkeit?

23. 01. 2015 JHMzB

Banale Erkenntnis

Das kann uns am Leben stören:
Es pflegt einfach aufzuhören,
wenn es uns so gar nicht passt.
Dieses Faktum ist verhasst.
Doch – ob Hass, ob Akzeptanz,
gar nicht hilft hier Larmoyanz –
man muss mit dem Leben leben
und sich arrangieren eben!
Dabei hilft ganz offenbar:
Man hält Scheinbares für wahr.
Jahrelange Empirie
sagt: *Das Leben endet nie!*
Schließlich pflegt sie uns sagen:
Schon seit Tausenden von Tagen
bist du morgens aufgewacht,
hast das "ewig" schon gemacht,

*hoch ist die Wahrscheinlichkeit,
dass das geht so alle Zeit.*
Leider ist das wahre Bild,
dass nicht nur die Regel gilt!

25. 01. 2015 KHB

Optionen

Ich will wahrgenommen werden
von den Menschen und den Pferden,
darum trete ich jetzt ein
in den neuen Reitverein.
...

26. 01. 2015 JHMzB

Über Pferde, immer schon in NRW,
und Wölfe, jetzt wieder...

Pferde, umgangssprachlich "Zossen",
sind den Menschen Reit*genossen*.
Keines beißt mit Fressabsicht,
Pferde fressen Menschen nicht.
Schließt daraus nicht umgekehrt,
dass kein Mensch ein Pferd verzehrt!
Auch beim Reiten geht es nie
gegen diese Hierarchie:
Oben darf der Mensch nur sitzen,
unten hat das Pferd zu schwitzen.
Anders rum? Fürs Pferd nicht schlecht,
doch dem Menschen wär's nicht recht.
Ja, die Gleichheit bleibt *Genossen*
reichlich oft doch unerschlossen...

Wölfe kommen jetzt zurück,
das erfüllt mich nicht mit Glück.

Wölfe, keineswegs die Zossen,
haben mich schon stets verdrossen.
Ob mich das noch mehr verdrieße,
wenn ich auch noch *Wolfgang* hieße?
Für 'nen Gang, Teil vom Menü,
geht ein Leben meist perdu.
Soll dies Leben meines sein,
wenn ich – nachts bei Mondenschein –
ihm, dem Wolf, zur Speise tauge?
Diese Vision im Auge
bin ich mehr für das Verzichten:
Wölfe brauchen wir mitnichten,
und der Schafe lautes Mäh
stimmt wohl zu zu der Idee.
Über's Fressen, über's Reiten
kann man sich bestimmt auch streiten.

26.b 01. 2015 KHB

"Wolfgang" – ein Teil nur vom Menu,
auf den Gedanken kam ich nie.
Ich habe weder Wolf gegessen,
noch hat ein Wolf mich je gefressen.
Ich bin in keiner Speise "Gang"
und heiße ja auch nicht Wolfgang.
Ich gehe nachts nicht mehr spazieren,
kann *so* mein Leben nicht verlieren.
Alter ist auch eine Chance,
so seh' ich jetzt mal das Ganze.

30. 01. 2015 JHMzB

Was kümmert den Politiker
das "Geschwätz" der Kritiker?
Ich sage – mit Verlaub –:
Nicht einen feuchten Staub!

Was er nur braucht, ist Eloquenz.
Recht störend wäre Kompetenz.
In diesem Sinn "qualifiziert"
ist alles, was uns da regiert!

01. 02. 2015 KHB

Ich lese Werbung und ich staune,
denn sie fördert die Kauflaune,
und ich werde postmodern
spirituell und glaube gern
die Rabatte, die gewährt
und die Ware wär' mehr wert.
Der Handel wird zur Religion:
Der Kunde *glaubt* die Preise schon,
der Händler übt fromm den Verzicht.
Wer ihm nicht glaubt, der spart auch nicht.
Ach es zahlt bei jedem Kauf
immer nur der Händler drauf.
Der Ursprungspreis und der Rabatt –
wovon wird der Händler satt?
Der Endpreis gilt, das ist genug –
und alles andre ist doch Lug.
Und jeder Preis hat seine Frist,
weil alles doch vergänglich ist.

06. 02. 2015 JHMzB

Ach, wie leicht ist man hinieden
so als Kunde sehr zufrieden,
kaufte man mit *Nach*lass ein.
Da fällt mir der *Ab*lass ein:
Ging's nicht damals auch darum,
neben viel Brimborium,
unterm Strich Geld zu erbeuten,
möglichst von sehr vielen Leuten,

die man dabei glauben machte,
dass das die Erlösung brachte,
also man Beschenkter sei
trotz der ganzen Zahlerei?
Was wir also längst schon hatten,
wiederholt sich bei Rabatten:
Wenn dich wer mit Vorteil lockt,
wirst du meistens abgezockt!

15.b 02. 2015 JHMzB

Der Warsteiner Verseschmied

Erneut hat Karl Heinz, nach erquickender Nacht,
das lodernde Feuer der Dichtkunst entfacht.
Die Funken stieben, der Blasebalg röhrt,
dass es selbst der entlegenste Warsteiner hört.
Die Flammen der Einfälle flackern empor,
und Ideen erglühen im jambischen Chor,
und Karl Heinz spiegelt Glut im verschwitzten Gesicht
und fügt Worte zusammen zu einem Gedicht
mit dem Hammer des Eifers eines Mannes der Tat
und der Zange des großen Talents, das er hat.
Alles wirkt dabei mit – graues Haar, graue Zellen
und die ganze Erfahrung des Schmiedegesellen.
Ja, man spürt es: Hier hat sich ein Mensch entschieden,
mit der Kraft des Genies täglich Verse zu schmieden!

16. 02. 2015 KHB

Die Flammen der Einfälle flackern empor,
und sie entpuppen mich als den Tor.
Bitte reimen ohne Ruhm,
denn der Ruhm macht mich nur stumm.

16.b 02. 2015 JHMzB

Ach, ich frage mich beklommen:
Werde ich jetzt ernst genommen?
Niemals hätte ich gedacht,
dass KH darob nicht lacht!
Sind wir denn nicht von den Sorten,
die da spielen mit den Worten
– was da sonst zum Spielen taugt,
ist im Alter doch verbraucht.
In der Welt der Marke "Schein"
können wir noch Spieler sein,
werfen Worte möglichst hoch,
sehen, wie sie fallen doch,
welch ein Muster sich da tat,
ob es Int'ressantes hat:
"Sinn" hat Minimalgewicht,
hilft dem Reimer eher nicht,
ist das Muster recht skurril,
hilft's dem Reimer eher viel.
"Richtig" muss ein Reim nicht sein,
glitzern nur im Widerschein
jenes Feuers, das den Geist
immer neu mit Neuem speist!

17. 02. 2015 KHB

Ach wie ist die Welt verschwommen,
Lachen wird nicht ernst genommen.

Ich lachte nicht, das war kein Schein,
ich bitte dies mir zu verzeihn.
Werfen wir die Worte hoch,
fallen sie dann in ein Loch.
Doch die Löcher zu beklagen,
hilft uns nicht in unsren Tagen.
Löcher sind da um zu lachen,
denn sie sollen Freude machen.
"Sinn" hat Minimalgewicht -
das will ich vergessen nicht.
Du tust gut, mich zu belehren,
und ich will mich jetzt bekehren.

19. 02. 2015 JHMzB

Wenn die Vögel winters zittern,
pflegen wir sie gern zu füttern,
und vom warmen Zimmer her
freuen wir uns umso mehr,
wenn sie, zwischen Mohn und Rübsen,
uns ihr Dankeschön zupiepsen.
Dabei zeigte neulich mir
sich ein neues Vogeltier,
eines, das ich noch nicht kannte
und zunächst mal *Neuling* nannte.
Es war weder Spatz noch Zeisig,
wirkte schlanker, eher meisig,
doch 'ne Meise war's wohl nicht
– oben stimmte etwas nicht:
Wie ein Teenie sich frisiert,
sich das Haar nach oben schmiert
mit viel Gel – für mich ein Graus –,
so sah dieser Vogel aus!
Sigrid gab sich wieder weise:
Das ist eine *Hauben*meise!
"Unter eine Haube kommen"
sei auch Meisen unbenommen...

24. 02. 2015 JHMzB

Des Reimes Eigenart

Stets bereit,
wenn keine Zeit.
Längst verraucht,
wenn man ihn braucht...

27. 02. 2015 JHMzB

Innen-Einsichten

Sich ernähren heißt zumeist,
dass man irgendwas verspeist.
Isst man's, weil man essen muss,
oder ist's sogar Genuss?

Ganz egal – vor dem Verdauen
muss man das dann erstmal kauen,
denn, wie uns ein Sprichwort lehrt,
schlecht zu kauen wär' verkehrt.
Mancher schluckt anstatt von Brötchen
immer wieder manches Krötchen
(das ist jetzt Allegorie –
wörtlich macht man das doch nie).
Das Geschluckte kommt sodann
in des Essers Magen an.
Dieser ist so richtig sauer,
und er ist es auch auf Dauer.
Mit der Säure geht der Magen,
jetzt der Speise an den Kragen
und zerlegt mit viel Gefühl
manches Makromolekül.
Ja, die gute HCl
schafft das alles ziemlich schnell,
dies und das Bakterium
bringt zugleich sie auch noch um.

Im Verein mit den Enzymen
kann sie sich dann schließlich rühmen,
dort, so in des Bauches Mitte,
der Verdauung erste Schritte
auf den Weg gebracht zu haben
– Säuren haben solche Gaben!
Solchermaßen vorbereitet
wird er in den Darm geleitet,
der gesamte Speisebrei,
zur Verdauabteilung zwei.
Säure ist hier abgeschafft,
das Milieu ist laugenhaft
(was wohl ein Chemiestudent
richtiger "alkalisch" nennt).
Und Bakterien gibt's zuhauf,
diese fressen vieles auf.
Was bei ihnen Exkrement,
ist für uns nicht virulent,
sondern äußerst essentiell,
geht ins Blut minutenschnell.
Auch Enzyme wirken mit,
sie verändern Schritt für Schritt
manches große Molekül,
bis es passt in dieses Spiel:
Alles wird ins Blut gebracht,
wo es tausend Dinge macht,
wo es uns am Leben hält,
wie dem Schicksal es gefällt.
Pure Lebensstrategie:
Nahrung wird zu Energie
(oder auch zu Hüftenspeck,
doch das lassen wir mal weg...).
So, nun kennt sie keiner mehr,
nicht nur wegen der Couleur,
wenn sie, uns're Ausgangsspeise,
jetzt erreicht das Ziel der Reise.
Was selbst die Colon-Kollegen
offensichtlich gar nicht mögen,

ja, das scheiden wir dann aus
und so endet jeder Schmaus.
Lieber Leser, du bist jetzt,
endlich in den Stand versetzt,
deine Kinder aufzuklären,
wenn sie Auskünfte begehren,
mehr als immer nur Blabla:
"Papa, wie entsteht Aa?"

06. 03. 2015 JHMzB

Der Früh-ling steht nun bald ins Haus,
da treiben alle Bäume aus.
Wird bald dann wieder Spät-ling sein,
da treiben Bäume wieder ein... ?
Ach nein, es ist der Fiskus nur,
er hält es mit der Un-natur:
Bei ihm wird stets nur ein-getrieben,
das ist es, warum wir ihn lieben...

18. 03. 2015 JHMzB

Die Droge für das Laster "Saufen"
kann man an jeder Ecke kaufen.
Das macht es leicht für jeden Zecher,
damit zu füllen manchen Becher.
Nun wär' das nicht der Worte wert,
hätt' er sie nicht auch noch geleert,
was in der Folge, garantiert,
schon manches Hirn hat ruiniert.
Das Bechern sei, wenn überhaupt,
nur *ohne Alkohol* erlaubt!

21. 03. 2015 KHB

Schön ist ja das ABC
bis zum STUVW,

nur allein der große Zeh
tut am Ende etwas weh.

22. 03. 2015 JHMzB

...hat sich wohl gestoßen, eh,
in dem Bad, an dem Weh-Zeh?

Wenn's doch hilft...

Wohler fühlte sich die Krähe,
wenn sie etwas besser sähe.
Sicher hülfen neue Linsen,
riet die Elster unter Grinsen.
Bessert das der Krähe Sicht?
Nein, denn Linsen mag sie nicht.
Sie versuchte es mit Bohnen
und tat ihre Augen schonen.
All das half – sie sah es so,
ward des Sehens wieder froh.
War's der Elster größter Coup?
Den Erfolg schrieb man ihr zu!

Danach fragt man besser nie:
Woher kommt die Therapie!

24. 03. 2015 JHMzB

Hans im Glück

Ob die Frau, von der man hörte,
dass sie Männer gern betörte,
den Gemeindefrieden störte?
Diese Frage war nicht dumm,
doch der Pfarrer nahm sie krumm,
und man ahnte auch, warum...

Ja, ihn streifte mancher Blick,
selbstbewusst sah er zurück:
Hans, so hieß er, Hans im Glück!

24.b 03. 2015 JHMzB

Vielseitige Ernährung

Hochzufrieden mit dem Mahle
ist ein Neuzeit-Kannibale,
der doch jetzt Veganer ist,
wenn er einen *Grünen* frisst.
Früher war's so monoton,
denn man wusste heute schon,
morgen gibt's, wie all die Jahre,
immer wieder Missionare...
Dank der Vielfalt heut'ger Speisen
ist in Kannibalen-Kreisen
Multi-Kulti sehr beliebt:
Schön, dass es Tourismus gibt!

24.c 03. 2015 KHB

Hans im Glück und Kannibalen –
stammen beide aus Westfalen?
...

24.d 03. 2015 JHMzB

Den Westfalen, wenn man fragt,
wird viel Schlimmes nachgesagt,
dass sie Kannibalen wären,
war jedoch noch nicht zu hören.
Gut, die Römer, massenhaft,
haben wir dahingerafft,
ja, wir schlugen ihre Mannen,
aber nicht in uns're Pfannen!

Schwein und Rind, das liegt uns mehr,
für den täglichen Verzehr.
Also, Schluss mit dem Bericht:
Kannibalen sind wir nicht!

24.e 03. 2015 JHMzB

Bauern gießen jetzt mit Gülle,
mehren so der Ernte Fülle.
Es entsteht aus üblem Guss
uns ein herbstlicher Genuss,
der dann leider dazu führt,
dass draus wieder Gülle wird.
Huhn war Anfang oder Ei?
Früchte oder Schweinerei?
Diese Fragen sind nicht neu,
Antworten gibt's vielerlei.
Was uns sehr, was nicht gefällt,
beides liegt im Lauf der Welt!

14. 06. 2015 KHB

Mein Hosenträger trägt die Hose,
und ich trag ein frisches Hemd,
alles ist so tadellose
und ist mir auch gar nicht fremd.

14.b 06. 2015 JHMzB

Du steckst, das freut mich zu hören,
sorglos in des Beinkleids Röhren,
denn die sind höchst raffiniert,
wie es sich gehört, fixiert.
Geht es um das Koffertragen,
muss man dich nicht lange fragen,

selbst zu tragen scheint dir Pflicht.
Bei der Hose Leichtgewicht
bist du nicht so konsequent,
sondern nutzt ein Instrument,
das, ich finde das nicht gut,
alles Tragen für dich tut.
So verliert man mit der Zeit
jegliche Selbstständigkeit!

15. 06. 2015 KHB

Koffer trage ich nicht mehr,
denn ich reise ja nicht mehr.
Und die Hose trag ich auch
nicht mehr sicher auf dem Bauch,
der sich wölbt und lässt abgleiten
Hosen, was ich möcht' vermeiden,
so hilft mir an allen Tagen
Hosenträger Hose tragen.
Da ein Gürtel mich engt ein,
lasse ich den lieber sein.

17. 06. 2015 JHMzB

Höre, dass dein Bauch sich wölbe.
Rate darum, dass derselbe
ohne zeitlichen Verzug
und auch ohne Selbstbetrug
reduziert
wird.

18. 06. 2015 KHB

Ja, ich stehe auf dem Schlauch:
Wie entwölb' ich meinen Bauch?
Ich bewege täglich mich
– wenn auch ziemlich kümmerlich –,

drehe täglich eine Stunde
mit Rollator meine Runde,
und ich esse wenig nur
(das ist keineswegs Tortur),
gehe täglich auf das Klo,
was sich ja gehört auch so –
ja was soll ich denn noch tun?
Wer kann mir da raten nun?

21. 06. 2015 JHMzB

Es ist stets der eig'ne Wille,
der bestimmt des Bauches Fülle.
Ist der Fußwärtsblick gestört,
so, dass man sich selbst empört,
hilft kein langes Blablabla,
nur Methode FdH!
Oder man entscheidet still,
dass man damit leben will.

03. 07. 2015 JHMzB

Vorlesung

Lesen macht angeblich klug.
Mancher nutzt dazu ein Buch.
Wer sich selbigem verschließt,
liebt es, dass ein and'rer liest,
schreibt sich ein bei jenen Wesen,
die ihm, von Beruf, vorlesen.
Hat er dabei auch bedacht,
ob das wirklich klüger macht?
Selten wird der Herr Student
selber auch mal ein Dozent...

08. 07. 2015 JHMzB

Lust auf Frust? Wer so was hat,
ist wohl schon ein Psychopath.
Doch ist Frust nur digital,
ist die Lust darauf normal...

16. 07. 2015 JHMzB

Erlesenes

Eigentlich ist sie zu schade,
meine leck're Marmelade,
für mein Frühstücks-Holztablett,
denn sie ist, laut Etikett,
nicht vom Typus Allerwelt,
sondern wurde hergestellt
nicht nur äußerst liebevoll
(weiß nicht, was das heißen soll),
sondern auch, laut Etikett,
nur aus Früchten, die komplett,
ausnahmslos ERLESEN sind.
Dabei weiß doch jedes Kind:
Angenehm klingt das im Ohr,
doch es täuscht meist etwas vor.
Ach, wie schön wär' es gewesen,
wär' ICH wenigstens BELESEN.

26. 07. 2015 KHB

Die Rente reicht, ich muss nicht hungern,
drum kann ich jetzt getrost rumlungern.

26.b 07. 2015 JHMzB

Frönt man der schnöden Lungerei,
dann ist man selten hungerfrei,
denn dieses hab ich nicht vergessen:
Nicht arbeiten bedingt *nichts essen.*
Wer dieser Regel sich entzieht,
ist Rentner, Banker, Parasit,
hat eine Kasse leergeräumt,
von Arbeit höchstens albgeträumt,
er kennt sie nicht oder nicht mehr.
Ob ich wohl gern so einer wär?
Ach so, ich bin's! Ich schäme mich!
Die Wahrheit kommt so zögerlich...

02. 08. 2015 KHB

Strahlend weiß sind die Gefühle,
sitze ich an Müllers Mühle,
strahlend weiß wie voller Mond,
wenn er dort am Himmel thront.
Dies schreibt heute der Karl Heinz,
der mal wieder spinnt, so scheint's.

05. 08. 2015 JHMzB

Welch ein wunderschönes Bild,
das für dich, Karl Heinz, jetzt gilt,
wie du an der Mühle sitzt
und nicht nur vor Hitze schwitzt,
sondern auch von innen strahlst,
ohne, dass du dafür zahlst,
wo es sonst doch Standard ist,
dass man zahlt – für jeden Mist!

18. 08. 2015 JHMzB

Gern würd' ich das Rausgehn meiden,
denn das Wetter ist bescheiden,
doch ich werde rausgehn müssen,
denn der allerletzte Bissen,
den der Kühlschrank noch enthielt,
wird schon längst nicht mehr gekühlt,
sondern geht auf Darmes Wegen
der Verdauung längst entgegen.
Also mache ich mir Dampf,
denn der Überlebenskampf
will, dass ich mich endlich rege
und zum Supermarkt bewege.
Meine inn're Stimme spricht:
Mancher hat so leicht es nicht!

22.b 08. 2015 JHMzB

Mancher Mensch, ob Mann, ob Weib,
liegt im Bett zum Zeitvertreib.
Viel zu schade zum Vertreiben
ist die Zeit, drum lasst das bleiben!

29. 08. 2015 JHMzB

Leute, die andauernd maulen,
können uns den Tag vergraulen.
Haben die denn ganz vergessen:
Mit dem Maul kann man auch fressen!?

30.b 08. 2015 KHB

Fressen und gefressen werden
ist das Schicksal hier auf Erden,
und das Maul ist eine Waffe,
wenn der Hunger Nahrung raffe.

Doch ist Hunger böse nicht,
nein er ist keine Bösewicht.
Ja wir dürfen hungrig sein,
wie der Wolf und auch das Schwein.

12. 09. 2015 JHMzB

Dass Eltern meist schon älter sind,
das weiß im Grunde jedes Kind
und findet sich darein.
Doch wenn es selbst dann älter wird,
dann wird in ihm ein Neid geschürt,
dann möcht' es wieder sein,
was es in der Erinnerung
mal war: ganz einfach jung!

14. 09. 2015 JHMzB

Wer der Kinderstube traut,
weiß, dass Karl, der Heinz, nicht kaut,
während er zugleich auch spricht.
Nein, so etwas tut er nicht!

14.b 09. 2015 KHB

Ja, jetzt ist die Mittagsstunde,
da führ ich mit vollem Munde
kein Gespräch in dieser Runde,
da bin ich mit dir im Bunde.

17. 09. 2015 JHMzB

Was dir doch nicht gegeben ward,
das ist Bekanntschaft mit Descartes.
Der hätte – ihm wär' es zu gönnen –
verdammt viel von dir lernen können!

Er setzt auf Reinkarnation:
Vielleicht triffst du ihn morgen schon...

20. 09. 2015 KHB

Descartes hat mich noch nicht gekannt.
Ich hätt' ihm auch nicht g'nug Verstand.

******

*[Im Oktober 2015 erkrankte KHB schwer.
Dadurch endete die "Lymail"-Korrespondenz.]*

******